LUCA STEFANO C

I0018148

SOPRAVVIVERE AL CELLULARE

COME SOCIAL E CELL TI PLASMANO IL CERVELLO E TI ROVINANO LA VITA LA LIBERTÀ E GLI AMORI...

NOTE EDITORIALI

Tutto il contenuto dei nostri libri, in qualsiasi forma prodotti (cartacei, elettronici o altro) quando non diversamente specificato è copyright soldiershop.com. I diritti di traduzione, riproduzione, memorizzazione con qualsiasi mezzo, digitale, fotografico, fotocopie ecc. Sono riservati per tutti i Paesi. Nessuna delle immagini presenti nei nostri libri può essere riprodotta senza il permesso scritto di soldiershop.com. L'Editore rimane a disposizione degli eventuali aventi diritto per tutte le fonti iconografiche dubbie o non identificate. I marchi Soldiershop Publishing, Bookmoon, Museum s e relative collane sono di proprietà di soldiershop.com o Luca Cristini Editore; di conseguenza qualsiasi uso esterno non è consentito.

PUBLISHING'S NOTES

None of unpublished images or text of our book may be reproduced in any format without the expressed written permission of Soldiershop.com when not indicate as marked with license creative commons 3.0 or 4.0. Soldiershop Publishing has made every reasonable effort to locate, contact and acknowledge rights holders and to correctly apply terms and conditions to Content. In the event that any Content infringes your rights or the rights of any third parties, or Content is not properly identified or acknowledged we would like to hear from you so we may make any necessary alterations. In this event contact: info@soldiershop.com. Our trademark: Soldiershop Publishing @, The names of our series & brand: Museum book, Bookmoon, Soldiers&Weapons, Battlefield, War in colour, Historical Biographies, Darwin's view, Fabula, Altrastoria, Italia Storica Ebook, Witness To History, Soldiers, Weapons & Uniforms, Storia etc. are herein @ by Soldiershop.com.

LICENSES COMMONS

This book may utilize images (pixabay) part of material marked with license creative commons 3.0 or 4.0 (CC BY 4.0), (CC BY-ND 4.0), (CC BY-SA 4.0) or (CCo 1.0). Or derived from publication 70 years old or more and recolored from us. We give appropriate attribution credit and indicate if change were made in the acknowledgements field.

All our books utilize only fonts licensed under the SIL Open Font License or other free use license.

ISBN: 978-88-93273886   Ia edizione Dicembre 2018
BOOKMOON SAGGI 013 - **Sopravvivere al cellulare** Di Luca Stefano Cristini
Editor: Luca Cristini Editore, for the brand: BOOKMOON. Cover & Art Design: Luca S. Cristini.

SOPRAVVIVERE AL CELLULARE

COME SOCIAL E CELL TI PLASMANO IL CERVELLO E TI ROVINANO LA VITA LA LIBERTÀ E GLI AMORI...

A Cicci,
La vita è ciò a cui scegli di dedicare
la tua attenzione

INDICE

Preambolo pag. 5

Parte prima: Il cellulare pag. 7

1. Il mondo del cellulare
2. Perché è ora di dire stop
3. Qualche numero
4. Fate il test della vostra dipendenza
5. Le due grandi categorie di homo cellularis
6. Testimonial della rinuncia
7. La mia esperienza personale di diverse settimane senza (quasi) cellulare
8. Il cellulare vero killer dell'amore
9. I mali fisici provocati dai cellulari
10. Sindrome della vibrazione fantasma
11. Astinenza totale o parziale e coi trucchI

Parte seconda: I social network pag 47

1. Il tuo cervello alla mercé dei social
2. Sul web diventiamo altro...
3. Instagram è la più pericolosa
4. Dipendenza da Whatsapp
5. Facebook e salute: i danni da social network
6. Like addiction e vamping
7. Le Chat anti facebook l'ultima frontiera delle app di messaggistica anonima.

Appendice

Vivere senza Facebook e WhatsApp pag. 73

PREAMBOLO

Quando penso al mio cellulare, penso soprattutto ai disastri che involontariamente (?) mi ha provocato. Eppure agli inizi non era così. Come tutti sono stati sedotto e folgorato dalle potenzialità del mezzo. Me ne ero preso uno giusto (sono un iPhonman!) con buona capacità di memoria (64 giga lo sono ancora oggi). Così mi sono scaricato qualcosa come 300 e passa app. Tutte ben organizzate in sottocartelle.

Poi col tempo gli inventori hanno sempre più aggiunto gadget e migliorie di alta tecnologia, veramente mancava solo facessero del buon caffè... Spostarmi senza di lui era pressoché impossibile, manco fosse il mio cocker, veniva ovunque andassi meno sotto la doccia (ma posto subito fuori, ...si sa mai magari mi chiamano...).

Infinite partite a *Sudoku* o a scacchi mi distraevano (anche troppo in molti momenti topici...) Era lui che mi dava la buonanotte e mi diceva buongiorno al mio risveglio. La mia dose quotidiana di messaggi in arrivo era garantita, e poi a un certo punto della tua esistenza scopri per un caso fortuito o per un incidente di percorso, come se ne hanno sempre nella vita. Una rottura sentimentale, un licenziamento sul posto di lavoro, fino alla scomparsa improvvisa di qualche caro che sentivi spesso.

E allora il tuo cellulare diventa muto o quasi e tu ti perdi... Non hai più la tua dose giornaliera di metadone-smartphone ed è allora che "forse" realizzi che devi trovare la forza per dire al tuo caro telefonino (e social annessi) che il tuo amore totale per lui è finito e che da ora in poi il tuo rapporto con lui sarà più sano e consapevole...

▲ Una pioggia di telefonini - Artwork by Luca Stefano Cristini

Parte prima
IL CELLULARE

▲ L'uomo cellulare - Artwork by Luca Stefano Cristini

IL MONDO DEL CELLULARE

Viviamo in un mondo che non può fare a meno di una ricca e complessa comunicazione e interconnessione con gli altri.

Sia per motivi personali che professionali. E i cellulari sono la logica appendice di tutti questi bit in movimento, e le telefonate di per sé, quelle antiche per capirci, sono solo una minima parte. Ma questione professionale a parte, da dove nasce tutta questa esigenza di essere sempre in contatto con tutti gli altri? la risposta è cruda ma realistica, nasce dalla crescente difficoltà in molti di noi, la quasi totalità direi, di relazione con il mondo e dall'incertezza dell'incontro affettivo con l'altro nasce il timore di rimanere a bocca asciutta in merito al nostro bisogno innato di amore, amicizia e interesse.

Ma oggi nel secondo ventennio degli anni 2000, possiamo seriamente pensare di bloccare tutto e fare un passo indietro rinunciando ai nostri eleganti e performanti cellulari?

Se pensiamo di poter teoricamente rinunciarvi per motivi personali (cosa in realtà più complicata) più arduo immaginare di farne a meno per chi con le notizi in tempo reale ci lavora.

E invece si può, è possibile on ogni caso, e fa bene in ogni caso! Il guadagno immediato che conforta lo spirito degli impavidi che si gettano in questa impresa apparentemente titanica è la scoperta di libertà fondamentale, di staccare da ogni interruzione e controllo, senza contare i certi vantaggi alla salute fisica , visto che gli studi che affermano la tossicità delle onde elettromagnetiche sull'uomo di questi apparecchi sono sempre più numerosi e circostanziati.

certo sono più avvantaggiate tutte quelle generazioni che sono nate quando ancora i telefonini erano di la da venire. Per questi, fra cui mi ci metto pure io, la fretta e l'urgenza di un contatto può anche aspettare. Se qualcuno voleva dirmi o comunicarmi qualcosa lo può fare anche due ore dopo, non casca il mondo per questo. Oramai vi è solo l'imbarazzo della scelta. Il vecchio telefono, la mail che arriva alla stazione del vostro computer che può tranquillamente aspettare il vostro ritorno a casa o in ufficio.

Per secoli è stato così, quando non c'era nemmeno il telegrafo, potevano passare settimane perché Parigi o Berlino ricevessero la notizia in merito all'esito di una battaglia o di un congresso. Non vi è alcuna necessità di sapere tutto e in tempo reale di quanto accade nel mondo, se le notizie le apprendiamo qualche ora dopo non cambia assolutamente nulla. Per di più, lasciare sedimentare le notizie, anche di un giorno a due, in anni nevrotici come gli attuali fa certamente molto bene all'analisi dei dati. Non solo il nostro cellulare, immediato, presentissimo, e sempre pronto alla minima vibrazione, instancabile ci tiene artificiosamente sempre all'erta, donandoci un'effimera ambizione di necessità di essere indispensabili a tutta la catena di montaggio della vita e del lavoro. E invece presi singolarmente siamo tutti non indispensabili. Il mondo può benissimo fare a meno di noi. Non perde un secondo in velocità la macchina umana se noi stiamo fermi, dormiamo o andiamo a pescare lucci nel lago. Ciò detto "staccarsi dall'apparecchio non è facile né agevole. La dipendenza creata da questi terminali dei media (non solo cell ma anche ipad e computer più o meno portatili). E come tutte le dipendenze, dal fumo dalle droghe ecc. il compito che aspetta gli aspiranti alla disintossicazione è veramente arduo. Eppure varrebbe la pena di prendere qualche provvedimento, così come quando ci accorgiamo che 30 sigarette al giorno fanno male, rifletter sul fatto che questi terminali sono assai meno necessari di quanto crediamo. Esistono anche categorie e di soggetti che il cellulare non l'hanno mai avuto, che lo considerano alla stregua di un microonde attaccato alla testa, di chi saggiamente ha puntato a conservare vecchi modelli utili al più alla sola telefonia, e chi invece è riuscito a disfarsene in tempi recenti, e assai di più quelli che hanno appreso a utilizzarlo in maniera più sobria e sana.

PERCHÉ È ORA DI DIRE STOP

Avete mai fatto caso alla relazione che intercorre fra i vostri telefonini e le slot machine di molte case gioco? Perché, in un certo senso sono fatti a loro immagine e somiglianza. Creati per creare dipendenza. Pieni di gadget (le app) studiate per farvi rimanere il più a lungo possibile in loro presenza.

Una sorta di droga cibernetica in grado di rilasciare dopamina, la sostanza per eccellenza legata al piacere, solo i che in questo caso è un piacere virtuale, che però vi crea dipendenza, settore in cui il vostro telefonino eccelle! Il lavaggio del cervello però è reale e assai dannoso alla lunga. Sono ormai tantissimi gli studi a riguardo, del resto basta il buon senso per capire che la società di zombie che stiamo formando non rappresenta certo il massimo della salute pubblica.

Eppure noi continuiamo a guardare queste scatolette con occhio rassicurante, quasi divertito, preoccupati più di avere tra le mani il modello all'avanguardia e più performante. In realtà ci stiamo portando in giro dei veri e propri cavalli di Troia, al cui interni si nascondono le insidie più striscianti.

È un industria studiata fin nei minimi dettagli, cinica e opportunistica che fa bilanci enormi, di molto superiore al prodotto interno lordo di molte nazioni medie. Il risultato è che questi marchingegni, che altro non sono che mezzi al cui interno si trovano le app (cavalli di Troia appunto) ci manipolano l'attenzione, e in molti casi per molte ore al giorno, riducendo assai la nostra cognizione intellettiva, di memoria e di controllo. Fanno male come e più delle sigarette. Andrebbero venduti anche loro con la dicitura: "nuoce gravemente alla salute".

Ci rendono ansiosi, depressi, ci fanno passare notti insonni e soprattutto si inseriscono pesantemente e spesso con esiti nefasti nei nostri rapporti interpersonali.

Non prendiamo mai del tempo per riflette a cosa succede nel nostro cervello sottoposto a tante ore davanti al display, e a domandarci se il marchingegno sia veramente il mezzo ideale per connetterci ad altre persone o invece al contrario non sia il mezzo che ci separi da loro. Staccarsi prendere una pausa da tutto questo ci permetterà di riflettere meglio su di noi, sulla reale necessità di una vita *on line* contrapposta ad una outline. Scoprire che in verità spegnere almeno per un po' il cellulare compoetrà un riacquisto della vostra libertà e di un rapporto sano con voi stessi che ci faccia sentire sani e felici.

E prima farete il passo meglio sarà ve lo garantisco

Ogni volta che controlli un nuovo post su Facebook, WhatsApp, non è il contenuto che per te è importante, pensaci bene e rispondi sinceramente. Controlli solo per vedere qualcosa di nuovo.

È da questa assurda sensazione che diventi dipendente.

La buona notizia è che, come con le sigarette e molte altre dipendenze, possiamo, se lo vogliamo riprendere in mano la nostra vita e il nostro benessere. Dobbiamo imparare a staccare la spina, a disintossicarci dal cellulare e dalle App dei social in essi contenuti.

▲ Presi dal marchingegno...vicini e distanti... Foto dell'autore

QUALCHE NUMERO

In Italia la gente che ne possiede uno controlla lo smartphone più di 80 volte al giorno di media, con punte anche di 200 e più nei casi limite. Fra i giovani la media quasi raddoppia per un totale generale di miliardi di volte ogni giorno. L'uso medio è di almeno tre ore e mezza con punte di 6/7 (10/12 se si sommano gli streaming notturni vedi capitolo sul vamping), quasi almeno 50 giorni l'anno passati a guardare il cellulare!

La stragrande maggioranza degli italiani una volta svegli come prima cosa controllano il cellulare, moltissimi anticipano il risveglio proprio per dedicare allo strumento le prime attenzioni. Una buona percentuale si sveglia nel cuore della notte "soddisfatta" di poter controllare gli ultimi post...Moltissimi hanno problemi a nervi e tendini, polsi ecc. delle articolazioni degli arti superiori a seguito di uso smodato dello stesso.

Ben oltre il 50% delle persone intervistate affermano che mai e poi mai riuscirebbero a vivere senza cellulare. E addirittura 2 italiani su 10 controllano lo schermo anche durante il sesso col proprio partner.

Certo per le persone adulte di una certa età (vedi capitolo sulle categorie), ad aiutare interviene una memoria storica che ci rimanda ad una infanzia scevra da questi marchingegni.

L'unico schermo era quello televisivo e la TV dei ragazzi iniziava alle 16.00 e durava poco più di un'ora e prima e dopo questo appuntamento si tornava a giocare e a fare i ragazzi della via Paal...o per le ragazzine a fre le cuoche con le foglie degli alberi.

Più complesso indubbiamente per le nuove generazioni nate a cellulare e internet, li è davvero dura la disintossicazione.

E per una società moderna, avere la nuova generazione mezza rovinata per colpa della necessità di fare cassa da parte delle terribili 5 (Amazon, Apple, Google, Facebook e Microsoft) è veramente preoccupante.

▲ Il cellulare in testa - Artwork by Luca Stefano Cristini

FATE IL TEST DELLA VOSTRA DIPENDENZA

Per capire la vostra attuale situazione di dipendenza dal cellulare esistono numerosi test. In rete ci siamo imbattuti su quello messo a punto da ricercatori dell'università del Connecticut.

Non dovete fare altro che segnarvi il totale di domande fra le seguenti alle quali rispondereste si siete pronti? Allora cominciamo:

1. Vi capita di dedicare al vostro smartphone più tempo del necessario?

2. Vi capita di passare del tempo a osservare lo schermo del cellulare senza accorgervene?

3. Quando usate il cellulare, avete l'impressione di perdere il senso del tempo?

4. Vi capita di passare più tempo a mandare messaggi Whatsapp, like su Facebook, SMS, tweet o e-mail che non a parlare con le persone che vi stanno attorno?

5. Il tempo che passate sul vostro smartphone tende ad aumentare nel tempo?

6. Vi piacerebbe cominciare a d avere un maggior distacco dal vostro cellulare?

7. Dormite sempre con il telefono sul comodino della vostra camera da letto?

8. Vi capita di vedere e rispondere a messaggi, tweet, e-mail a tutte le ore del giorno e della notte, anche se questo significa interrompere ciò che state facendo?

9. Scrivete SMS, e-mail, postate su Whatsapp, Instagram, Facebook o navigate mentre svolgete attività che richiederebbero attenzione e concentrazione assolute, come lo studiare, il cucinare ecc.?

10. Pensate che a volte l'uso dello smartphone comprometta la vostra produttività?

11. Siete smarriti all'idea di stare senza lo smartphone anche solo per poco tempo?

12. Andate in ansia quando dimenticate lo smartphone in auto o a casa, oppure quando non avete la connessione o il cellulare si rompe?

13. Quando mangiate, a casa o al ristorante il vostro telefonino è sempre sul tavolo?

14. Quando il vostro smartphone suona, vibra o fa bip, provate un impulso irresistibile a controllare messaggi, tweet, e-mail o altre notifiche?

15. Vi capita di controllare il telefonino più volte al giorno, anche quando sapete che con ogni probabilità non c'è niente di nuovo o importante da vedere?

▲ Tutti al telefonino...vicini e distanti... Foto di Emilio Galli

Ed ecco di seguito il risultato del vostro test:

1-2: il vostro comportamento è nella norma, ancora non siete dipendenti.

3-4: il vostro comportamento tende all'uso problematico o compulsivo;

5 o *superiore*: è probabile che il vostro uso del telefono sia problematico o compulsivo;

8 o *superiore*: se avete totalizzato un punteggio maggiore di 8 siete messi male e sarebbe il caso di correre ai ripari e fare qualcosa. Una visita dal vostro medico o meglio da un buon psicologo sarebbe opportuna.

La stragrande parte delle persone staranno già sfogliando gli indirizzo di un nuovo psicoterapeuta, infatti fare meno di 6/7 punti in questo test è possibile solo lanciando il vostro telefonino nella spazzatura...

Quindi mal comune mezzo gaudio starete pensando.

Ding, sbagliato!

Il problema purtroppo non è solo vostro, quand'anche diventaste dei virtuosi del cellulare nella prossima settimana sareste comunque circondati da un oceano di telefonino-dipendenti.

Basta che vi guardate attorno per capirlo.

Salite su un autobus, accompagnate vostro figlio a scuola e osservate la gente, ci metterete un 'attimo ad osservare dove volge lo sguardo del popolo che vi circonda.

Dritto nello schermo del telefonino!

Una dipendenza assimilabile all'uso delle droghe o dell'alcool o del fumo davvero guadagnereste in salute cercando di cambiare stile di vita.

L'importante è che siate coscienti che un problema esiste e anche piuttosto grosso.

▲ Il cellulare ad ogni età. Foto dell'autore

LE DUE GRANDI CATEGORIE DI HOMO CELLULARIS

Il mondo è composto di gente di ogni specie, razza, categorie usi e costumi. Ma nelle problematiche delle interconnessioni si può tranquillamente fissare su due grandi specie.

L'homo antiqui coniunctum (uomo del passato interconnesso).

Vale a dire tutta quella parte di mondo che è nata quando ancora c'erano le cabine telefoniche a gettone, il mangiadischi e la 500 capotabile di tela...noi (io mi ci metto d'ufficio e di anagrafe in questo gruppo) che se prendevamo cinque a scuola la colpa non era del professore.

Noi che nessuno ci ha mai visto con l'ecografia e soprattutto noi che avevamo un casino di amici veri senza FB.

Questa specie ha conosciuto il cellulare in età già matura (grosso modo quelli nati fino al 1980) e può vantare una lunga esperienza di Neanderthal senza smartphone.

Per chi se ne fosse scordato, e che pensa all'iPhone 4 come ad un mobile *Biedermeier* ricordo che il primo modello di iPhone è stato presentato da Steve Job il 9 gennaio 2007, circa 11 anni fa. Undici soli anni!

Prima di tale data le App erano, quando c'erano, assai primitive. E il cellulare era solo poco più di un telefono portatile per l'appunto. WhatsApp fa la sua comparsa nel 2009 ma prenderà piede solo qualche anno dopo.

Facebook è un po' più vecchio, oggi è un arzillo quattordicenne, ma ancora nel 2008 è solo settimo nella classifica dei social...

Insomma è storia recente, dell'altro ieri, ma sta cambiando o meglio ha cambiato (e non credo in meglio) lo stato mondiale delle relazioni umane.

La seconda categoria quindi, quella denominabile *semper adiunnitur Jueveves* (o nativi digitali).

Questi sono stati direttamente partoriti con lo smartphone di serie, la maggior parte lo possiede dalla tenera età della "beata" infanzia. Bambini nati adulti, nel senso che hanno saltato a piè pari la casella (e non solo quella) dei giochi a mosca cieca, corse in bicicletta, gare a biglie di vetro... Questi sono statisticamente (molto) più dipendenti dal nuovo marchingegno e dai social in generale.

Ne sono, mediamente completamente avvolti, nuotano come delfini nella vasca delle interconnessioni.

Sono anche i più esposti in assoluto ai danni provocati dall'uso quantitativamente significativo e per farla breve, la società, tutta dovrebbe fare qualcosa per loro, una generazione data in pasto alle voraci star del web che soprattutto grazie a loro fanno guadagni da bilancio di nazioni come la Spagna.

▲ Il cellulare a destra, sinistra, di fronte e di dietro.... Foto dell'autore

TESTIMONIAL DELLA RINUNCIA

Il responsabile della campagna politica di un importante leader europeo e fondatore di *star-up,* un giorno ha detto stop al cellulare e da quel giorno usa solo telefoni fissi.

Ha dichiarato di essersi accorto d'aver raggiunto una buona pace e una maggiore felicità dopo soli sette giorni dalla sua scelta. I suoi contatti si limitano alla posta elettronica e a twitter, e certo trattandosi di un super manager saremmo portati a pensare che per lui la interconnessione dovesse essere più "necessaria" che in quella di uno studente di liceo telefonino-dipendente. L'inizio della sua indipendenza è avvenuto con un trucco. Egli ha comperato in vari mercati delle pulci dei vecchi Nokia validi solo per telefonare, ma poi quando anche questi oggetti del Giurassico l'hanno piantato in asso (l'industria della telefonia mobile le studia tutte anche per non lasciare spazio ai dinosauri della tecnologia).

A una settimana dalla rinuncia l'ex guru gira in bicicletta sereno e beato della sua rinuncia, senza particolari preoccupazioni di sorta, in una parola felice!

Le sue considerazioni finali a molto tempo da questa sua decisione? Per vivere bene senza cellulare non si deve rinunciare a nulla. E non si corono molti rischi nemmeno se si è un super manager: "in tutto questo tempo ho fatto tardi a un appuntamento solo una volta".

Dopo lo spiacevole episodio il suo socio ha provato a convincerlo di dotarsi di un nuovo cellulare ma la sola idea di tornare indietro ed avere una "protesi-telefonica" lo aveva gettato nel panico. Nella moderna società iperconnessa, in cui tutti controllano ossessivamente i propri account social, non avere uno cellulare rappresenta una scelta di grande libertà personale.

E' ora di dire basta a questa specie di braccialetti elettronici da criminali in libertà vigilata. Poi nel momento di massimo bisogna, il guru riconosce che si può sempre farsi prestare il cellulare da qualcuno che appartiene alla moltitudine del telefonino-dipendenti. Per questo, sua moglie lo definisce un ipocrita, ma il manager la prende con filosofia e fa spallucce "Capita al massimo un paio di volte al mese".

Poi ci sono anche quelli che il cellulare non l'hanno mai posseduto per scelta, i radicali duri e puri.

Fra essi molto persone famose e impegnate che sostengono di avere già innumerevoli relazioni e appuntamenti e che quindi il cellulare non avrebbe altro risultato che quello di far crescer esponenzialmente il problema rendendolo ingestibile e privando gli stessi di una loro vita privata.

Magari questa rinuncia si è portata dietro la perdita di qualche contatto importante o mancata opportunità, ma come dice una famosa opera di Manuel de Falla, la vida è breve ed è meglio viverla *less is more*.

E poi per mantenere i collegamenti, telefono fisso e mail bastano e avanzano. Con questi mezzi rimanere nel "giro" è molto semplice basta organizzarsi un po'.

Non va dimenticato anche la funzione del cell in ambito lavorativo. Qui diventa un vero e proprio strumento di controllo e di ansia particolarmente efficace, specialmente in tutti quegli ambiti professionali che richiedono grandi performance.

Il cellulare si è impossessato di molti di noi. Uno dei posti in cui possiamo meglio osservare questa teledipendenza è l'autobus o in metro, sarà facile notare decine di persone e tutte intente a guardare il cellulare, con diversi casi di "pistoleri". Particolare sottospecie di smartphone dipendenti che compulsivamente mettono in tasca ed estraggono "l'arma" più e più volte a monitorare cambiamenti, novità, eventuali post in arrivo. L'impressione vista con l'occhio di uno che sta disintossicandosi è che tutta questa gente altro non fa altro riempire la propria vita con relazioni virtuali in un fare compulsivo. Cito a questo punto un'intuizione dello scrittore Andrew Smart dove afferma che il cervello ha le migliori intuizioni quando non è disturbato da niente.

Se tutto ciò è vero, siamo avviati verso un mondo dove la fantasia, il genio e la creatività saranno presto parole senza significato.

Non va sottostimato poi il danno alla salute sia per via delle onde elettromagnetiche, sia per le migliaia di morti e feriti in incidenti stradali per via della distrazione al telefonino.

Se le persone imparassero a portarselo dietro meno spesso, o a tenerlo spento per buona parte della giornata le conversazioni non sarebbero mai interrotte e ne beneficerebbero molto.

Non usarlo o usarlo meno non significa essere dei pericolosi anarcoidi o snob, radical chic ecc. tutt'altro.

Certo pensando utopisticamente e immaginandolo meno invasivo lo si potrebbe considerare una ottima cosa, persino molto utile, di certo per alcune piccole categorie di persone che davvero necessitano per problemi di salute o altro di essere sempre raggiungibili in casi di emergenza.

▲ Finirete tutti per scomparire, uno dopo l'altro...

▲ Soli col nostro telefonino... Foto dell'autore

LA MIA ESPERIENZA PERSONALE DI DIVERSE SETTIMANE SENZA (QUASI) CELLULARE

Confesso, nonostante svolgo da tempo un lavoro moderno e tecnologico, di non aver avuto mai tanta dimestichezza nell'uso del mio iPhone (che poi è quello che vedete in copertina: un vecchio 5s). Ho fatto sempre molta confusione con le spunte di WathsApp, con Messenger di Facebook, a volte persino con lo spedire le mail. Altro difetto del mio anarchico cellulare era (ed è) quello di far partire le telefonate ad altri per conto suo, solitamente ai primi numeri in cima alla rubrica dei preferiti.

Insomma sono il classico utilizzatore "nudo" o trasparente se preferite. Urgeva cambiare il mio approccio con la mia protesi telefonica...con la mia famigerata scatola nera...

Premetto subito che non ho mai personalmente preso in considerazione la rinuncia totale del cellulare, ma il perseguimento di un suo uso molto limitato rispetto al passato e certo molto meno invadente. Ho quindi attuato una sorta di numerosi *black-out* giornalieri con totale rinuncia a portarmelo con me, alla peggio a portarmelo spento o parzialmente sconnesso.

O ancora a rinunciare a molte Social-App pericolose.

Il giorno delle decisioni irrevocabili

Settembre 2018, giornata di sole, adatta a fare il punto della situazione e dare inizio al mio esperimento. Seduto, sul tavolo di fronte ho appoggiato la "creatura" il mio iPhone 5s che pare mi guardi spaurito, teme forse che io prenda un martello e la faccia finita una volta per tutte con lui. Ma non è prevista quel giorno nessuna esecuzione spettacolare, ne lancio dalla finestra del reo e quindi nessun nuovo lutto da sopportare.

1 - **prima operazione: svuotamento della memoria.** Foto, vecchie chat di WhatsApp, persino moltissimi numeri telefonici, mail e il registro di tutte le telefonate fatte e ricevute negli

ultimi anni destinate al macero. Rubrica disossata al minimo.
Il passato, la registrazione della mia scatola nera resettata...Ottenendo un primo vistoso vantaggio.

Il mio cellulare ha guadagnato (ma potremmo anche dire ha perso) moltissimi mega di spazio libero Liberato di orpelli e memorie passate mi ritrovo una scatola vuota di dati "sensibili". Certo presto si riempirà dei nuovi ho pensato. Tuttavia potrò sempre fare pulizie periodiche un po' come faccio con la casa e lo studio.

Ma mi son detto non basta e allora sono passato al punto due del mio esperimento.

2 - Il cellulare può benissimo stare a casa la maggior parte del tempo, proprio come il telefono fisso. Ho quindi affrontato il mondo fuori, uscendo per le mie piccole consegne, due passi nel parco, una gita in bicicletta nei campi attorno a casa mia ecc. Sempre senza portare con me il cellulare.

Nessuna chiamata, messaggio o post avrebbe avuto conseguenze catastrofiche se viste più tardi, la sera o addirittura il giorno dopo. E poco alla volta ho scoperto che **quella senza cellulare non è una vita impossibile**. È un mondo certamente diverso ma fattibile e credetemi vi riserverà molte belle sorprese.

Presto, allo stordimento di sentirvi persi o soli, farà la comparsa di una nuova ricca suggestione e stato dell'essere, che è quella di sentirvi liberi, non pressati dalla puntualità nevrotica in un tempo dilatato a mai perso che vi regalerà uno stato d'animo favorevole anche di fronte ai vostri simili (ancora tutti prigionieri del loro "braccialetto" elettronico) che vi guarderanno in modo strano e anche invidiato.

Vi sentirete, ve lo garantisco sempre al vostro posto, ovunque voi siate.

3 - Non siete dei mostri isolati, liberatevi subito di questo pensiero, nessun isolamento mediatico. La sera accendete la TV e il telegiornale vi aggiornerà in breve quello che avete perso nelle ore prima. Non solo ascoltando con calma la diretta televisiva godrete di una notizia che sarà stata già decantata da dubbi fake, arricchita e certamente più fruibile.

Persino la vostra attenzione sarà accresciuta. Senza il cellulare il vostro ritmo vitale tornerà davvero umano, e tutto quello che vi circonda reclamerà maggiore attenzione da parte vostra proiettandovi nella posizione di essere molto più ricettivi senza la nevrosi perenne di questo cervello elettronico aggiuntivo magari con il sovrappiù di un collegamento istantaneo col vostro *Smart watch*...forieri pericolosi di una fretta indotta e malsana.

Riscoprirete, gratis molte gioie e sentimenti quasi d'altri tempi come la calma, il silenzio, il tempo dilatato, scoprirete che guardando in alto vedrete il sole, la luna e le nuvole.

E farete caso alla loro forma e colore in una sorta di riavvicinamento Neanderthaliano alle origini.

4 - Altri vantaggi e scoperte, uscendo senza cellulare per contattare amici che abitano intorno a voi magari per bere un caffè sarete costretti beatamente a riscoprire il citofono nel frattempo riempitosi di ragnatele e pesantemente soppiantato da WhatsApp. In alternativa usate il vecchio telefono, quello fisso, che fa solo quello, e lo fa meglio di un cellulare.

Ricordo che molti anni fa pure lui era bersaglio della critica per un suo difetto di fondo. Si diceva che fosse cacofonico, vale a dire che emettesse un suon sgradevole che comprometteva in parte il gusto del parlarsi...ma ci pensate?

Ancora tutte le volte che vi recherete al supermercato non sarete più raggiungibili da aggiunte dell'ultima ora o da liste della spesa elaborate, la navigazione fra scaffali sarà più naturale e credetemi farete acquisti migliori e meglio ponderati.

Senza questi disturbi aggiuntivi che il cellulare mi procurava (oltre che a tracciare la mia posizione) ho potuto permettermi il lusso di parlare, con la dovuta calma con una cassiera carina e simpatica dei gialli di Simenon e Conan Doyle...Alla fine una spesa molto più veloce, senza ansie e più vissuta.

5 - Il cellulare "sarebbe" anche un navigatore... Per quelli come me nati quando ancora c'era il mangiadischi e l'aria condizionate nelle automobili era ancora un oggetto futuristico, il navigatore albergava nella mia testa, e credetemi era assai molto più performante di qualsiasi Tom Tom o Google Maps.

Oltre al piacere dello studio del viaggio e della cartina, vi era la sorpresa fornita dagli occhi, dall'olfatto e dall'udito che ogni viaggio regalava, senza farvi litigare istericamente con navigatori che spesso vi mandano in luoghi assurdi e improbabili, e che reclamano una schizofrenica attenzione nei loro confronti. Se non sai dove sei non è vero che ti sei perso.

Sei semplicemente ancora in viaggio. E all'arrivo un regalo in più, mai scontato. L'incontro con le persone che cominciavano ad avere nostalgie di te cosi irraggiungibile e quindi cosi pensato e a i quali sei certamente mancato.

Ti guarderanno con occhi aperti e soddisfatti. Le novità gliele dirai a voce, sai che bello!

6 - Aspettando la visita dal dentista, o dal medico di famiglia mi sono messo nella stanza dei passi perduti (la sala d'attesa) con vista su un bel giardino pieno di ortensie colorate sulle quali svolazzavano farfalle multicolori. Un cielo azzurro faceva da cornice. Mi sono perso via per una buona mezz'ora pensando ai colori di quei meravigliosi esemplari di vanessa pavone.

Attorno a me una mezza dozzina di altri pazienti tutti (dico tutti) rigorosamente con la spina dorsale ricurva sui loro smartphone, rigorosamente in comparti stagni. Le uniche voci che si levavano qua e la erano per conoscere l'ordine di arrivo e quindi il proprio turno. La cosa per assonanza mi ha fatto pensare a tutte le foto che ho scattato qua e la negli ultimi 5 anni. Oh è incredibile in oltre il 70% delle immagini gli occhi del fotografato puntavano sullo schermo del telefonino....

7 - Perdita della memoria. Vuoi metter la potenza archivista del vostro cellulare. Esso è in grado di gestire rubriche con milioni di nominativi, decine di migliaia di foto e video.

Ma vi serve tutto questo? Io a memoria ricordo si è no una decina di numeri, che poi però sono i referenti del 95% delle mie chiamate, quindi una perdita minima.

E le foto? Non avete mai pensato che nonostante la tecnologia il risultato è per lo più deludente? Tutte uguali e a loro volta tutte uguali a quelle fatte dagli altri. Personalmente non scambierei una delle vecchie foto in bianco e nero della mia banda di ragazzi della via Paal, tutti con le ginocchia sbucciate, fatte nell'oratorio del mio paese negli anni 70 (del XX secolo) con 18.000 foto scattate con il mio iPhone... Una iper produzione immotivata, spesso ci si sposta in un luogo, si entra in un ristorante, si visita un monumento con lo scopo preciso di farsi innanzitutto l'imperdibile, inutile e scontato selfie o per immortalare il piatto di fronte.

8 - Datario, orologio e promemoria. Tutte queste cose e molto di più sono garantite con precisione svizzera dal vostro telefonino. Io però ho sempre amato gli orologi da polso, quelli con carica manuale. Ne ho una piccola collezione, ma nel tempo proprio per via della mia protesi-cell vi ho rinunciato.

Ora sono di nuovo i miei compagni inseparabili, senza il cell, lasciato a casa son tornati a fare il loro lavoro in maniera assai più elegante!

Così mi aiuto anche nei possibili ritardi e lo faccio alla vecchia tradizionale maniera immutata da secolo e secoli.

Chi mi aspetta poi lo fa col cuore in gola, non più abituato a ricevere in tempo reale la mia posizione, dati e notizie riguardanti ogni tre per due inviati dal mio cell.

Perché non avere cellulare ti consente ogni giustificazione agli occhi del prossimo. L'importante che tu stia bene, che tu ti presenti alla fine sano e salvo, nulla è più importante di tutto ciò per chi ti ama.

E a quella persona speciale che ti ha aspettato tu hai potuto dedicare i tuoi migliori pensieri mentre raggiungevi casa.

Senza bisogno di rischiare un incidente provocato dall'incauto invio di frasi pre confezionate con WhatsApp, farcite con emoticon e siglettine varie. Ora durante i viaggi, mentre cammino o vado in bicicletta penso intensamente e ricordo solo quello che serve davvero.

9 - Il cellulare sul comodino? No grazie. Per completare l'opera nella mia nuova casa ho anche rinunciato definitivamente alla TV in camera. Vado a letto prima, leggo di più, mi concentro meglio. Ora mi sono ributtato su Milan Kundera e Dino Buzzati o Italo Calvino. Dormo tutta la notte e faccio sogni discreti. Il cell. riposa (spento) di la in sala vicino alla Smart Tv (tanto per rimanere in tema di modernità) pure dormiente...e gli aggiornamenti da parte di entrambe queste scatole vuote? Nessun problema tanto le buone notizie anche se le ascolto domani mi arricchiranno comunque lo spirito, se sono brutte avrò guadagnato ore in loro assenza...

Questo esperimento (ancora in corso) sta cambiando, in meglio il mio vecchio rapporto col cellulare!

▲ Cellulare per due... Foto dell'autore

IL CELLULARE VERO KILLER DELL'AMORE

Ormai è assodato. La dipendenza (ma anche solo il suo uso o abuso) dal cellulare, social e Smart TV rovina la coppia e le relazioni in genere. Secondo recenti studi della rivista scientifica *Psychology of Popular Media Culture quasi l'ottanta per cento delle persone intervistate sostengono senza alcun dubbio che* gli smartphone stanno interferendo con le loro relazioni in maniera pesante, spesso rovinandole.

Vedere il proprio partner armeggiare di continuo il proprio cellulare, a rovistare ogni notifica, a vederlo così intento nel 70% delle foto che gli scattate, vedere insomma che state diventando la cosa meno prioritaria per lui, o che addirittura sta messaggiando con altri, vi porta a sentirvi sempre più a disagio in quel rapporto, che rischia seriamente di diventare incompatibilità. La cosa si amplifica se entrambi avete questa caratteristica. Finirete presto per aggiungervi al club sempre più numeroso delle coppie "innamorate" che trascorrono la serata ognuno davanti al proprio smartphone!

Sempre secondo gli stessi studi, si è giunti alla conclusione che lo smartphone può fare danni anche se il comportamento non è intenzionale né spinto agli eccessi, insomma il pericolo si annida anche in un uso normale della nostra "scatola nera".

Dobbiamo pertanto prestare attenzione, parecchia attenzione, e prendere consapevolezza che i nostri dispositivi mobili, per quanto utili e affascinanti stiano prevalendo nelle nostre vite e soprattutto sui nostri affetti.

Tratteremo nei capitoli avanti le tattiche, e i modus operandi per minimizzare i danni da questi ma alcune regole basiche le possiamo già ricordare: quando potete farne a meno lasciate il cellulare a casa, se proprio non riuscite a privarvene mettete almeno lo smartphone in modalità silenziosa o in modalità aereo. E se vi capita di dover comunque verificare qualcosa di necessario spiegatevi con chi avete intorno, e possibilmente senza mettervi sulla difensiva (altro meccanismo inconscio generato da questa catena di interconnessioni). Rischiate sospetti di ogni tipo da parte del partner che finirà con l'accusarvi delle peggio cose.

Quando il terzo incomodo si insinua anche nella camera da letto con conseguenze negative e spesso nefaste facilmente immaginabili. Problemi che i nostri nonni ma anche molti nostri padri certamente non avevano e a letto si parlava e si amava e basta. Non c'era nessuna App ad avere la precedenza nei rapporti amorosi, cosi responsabili invece di rovinare una storia, come invece sempre più spesso succede ora.

Effetti secondari ma sempre ad esso riconducibile un nervosismo e una depressione sempre presente che rovina il rapporto col vostro partner sono anch'essi sintomi di un disagio riconducibile alla pessima influenza della tecnologia sulla salute, in particolar modo su quella mentale.

Anche le liti in una coppia, apparentemente normali e a volte benefiche, se partono però da motivi tecnologici, sono assai meno gestibili (che siano per il vostro ultimo post pubblicato su Facebook non gradito o i commenti di qualche amico postati in WhatsApp) con il risultato di perdere un sacco di tempo ed energia a litigare per cose fondamentalmente inutili.

Catapultati in una parodia della tristezza di un mondo trasparente, perché si sa i pensieri inconsci e reconditi sono complessi e spesso inconfessabili, perché il genere umano è complesso, ha le sue pulsazioni, i suoi misteri, ma per fortuna dell'umanità i pensieri rimangono nel cranio dei soggetti e l'etica razionale ha il suo sopravvento (altrimenti le coppie durerebbero solo qualche settimane, non ci fosse il filtro della vita normale, che questi mezzi stanno smantellando).

Ecco quel che volevo dire è appunto questo il cellulare ha questa singolare e nociva capacità indiretta, quella, fra gli altri, di mettere a nudo i propri pensieri più intimi.

Fra i vari numerosi disturbi va certo citato il sonno notturno, spesso seriamente compromesso dall'uso o peggio abuso di smartphone e tablet. Inutile ricordare che il riposo mancato finisce poi magari per distruggere pure la vita sessuale della coppia. Ed ancora la tentazione di rendere pubbliche le vostre sensazioni sullo stato della vostra coppia, che apparentemente vi fa sentire trendy, i social internazionalizzano la vostra storia e voi vi sentite per alcuni secondi dei Brad Pitt.

Quindi anche in questo caso prestate molta attenzione prima di postare informazioni intime sulla vostra storia e/o sull'ultima litigata fatta. Contate sempre fino a dieci e riflettere su come la potrebbe prendere il vostro partner e ricordate che a volte è meglio, quando non sempre, che il privato resti privato.

Detective di ultima generazione...

Il cellulare é anche un micidiale detective, spesso troppo micidiale. Esso infatti fornisce dati ridondanti e a volte eccessivi, spessissimo da interpretare e decifrare. É ovvio che in mano a persone particolarmente gelose o possessive il telefonino finisce a volte per diventare anche uno strumento di tortura.

Certo spesso lo strumento fornisce dati incontrovertibili di tradimenti, raggiri e imbrogli, al di là di ogni ragionevole dubbio. Ma contemporaneamente é ancora più spesso molti altri dati da interpretare, spesso banali e/o comunque ininfluenti (alla indagine in corso da parte del detective improvvisato che é in noi). L'ansia compulsiva che ne deriva colpisce entrambi i soggetti in misura più o meno grande.

Il controllato e il controllore, che a volte finiscono anche con lo scambiarsi il ruolo vista l'enorme capacità dello strumento che si ritrovano fra le mani.

Ed é questa ansia, questo timore anticipato di essere scoperti (molto spesso senza alcuna ragione oggettiva) che mina e finisce anche per rovinare il rapporto fra le persone coinvolte.

Il controllore ha a disposizione la possibilità (a seconda del suo grado e abilità nell'uso del cell.) di sapere molto del controllato. Posizione, orari, i più bravi incrociando dati sensibili raccolti contemporaneamente sui profili social riescono anche a capire cosa state facendo e con chi. I più scafati, al limite della legalità (spesso superato) trovano persino il modo di leggere i vostri post, vedere la vostra gallery, insomma entrare in remoto (e senza che ve ne accorgiate) nel vostro cellulare mettendo completamente a nudo il vostro stato. I più invadenti infine, meno tecnologici ma più diretti, cercando di avere risposte immediate ai loro dubbi, possono chiamarvi e chiedevi esattamente dove siete, eventualmente con chi e perché, o peggio chiedervi addirittura una conferma chiedendovi, ad esempio di postare la foto del luogo dove avete detto di trovarvi (questi ultimi sono casi limite e direi clinici).

Il controllato diventa talmente trasparente che manco i cristalli di Boemia... un po' come nel film di Spielberg del 2002 *Minority Report* dove la polizia grazie a mezzi futuristici individuava un reato molto prima che il futuro delinquente l'avesse ne immaginato ne praticato...

Ovviamente questi sono casi limite (assai frequenti tuttavia). Il controllore però il più delle volte si ritrova con molti dati da analizzare e inconsciamente, reso ansioso dai sospetti inizia a non fidarsi più o a non fidarsi oltre misura del controllato, il quale a sua volta soffre del suo stato di vigilato speciale domandandosi spesso perché mi perseguita con questo silenzioso ma incessante controllo? Durante la giornata (di 24 ore) i due cellulari si trasmettono questi dati, essi sono in perenne contatto. Difficile per entrambi i loro utilizzatori sfuggire a questa catena che va molto oltre la privacy e che finisce spesso col distorcere la realtà o quantomeno ampliarla.

Il controllato sfiduciato di non godere a sua volta della fiducia dell'altro finisce in uno status tutto suo di rassegnazione e a volte di rabbia per non essere creduto e apprezzato per quello che in fin dei conti è tendendo in molti casi ad aumentare il suo riserbo. Quindi fatta la tara della possibilità di mascherare fedifraghi e delinquenti molto spesso i dati forniti dal cellulare proprio per la loro natura compulsiva si prestano a guastare, a volte irrimediabilmente, la fiducia fra soggetti anche quando francamente non era il caso.

I MALI FISICI PROVOCATI DAI CELLULARI

Per chi usa parecchio il cellulare i problemi causati dalle radiazioni elettromagnetiche sono assai significativi.

Queste radiazioni prendono anche il nome di elettrosmog e oggi sono sempre più soggetto di studio per stimare con esattezza le cause di notevoli disturbi fisici e mentali. I tassi di malattie tumorali e disturbi in generale aumento esponenzialmente e i farmaci non aiutano granché.

La popolazione umana e animale è sempre stata immersa in un campo elettromagnetico naturale prodotto dalle onde elettromagnetiche del sole, delle stelle, dai fenomeni metereologici ed anche dal sottosuolo. Tuttavia negli ultimi anni dell'era moderna siamo stati "bravi" ad aumentare esponenzialmente l'esposizione grazie alle fonti di elettromagnetismo artificiale, prodotto dagli strumenti e dagli impianti che funzionano a corrente elettrica o a batteria tra cui: antenne TV, ripetitori telefonici e radiofonici, reti wireless, televisori, cellulari, cordless e ricetrasmittenti, computer, stampanti, scanner, fax, ecc. Oltre a un a nutrita serie di elettrodomestici. Questi dispositivi infatti producono campi elettrici e magnetici che si propagano nello spazio sotto forma di onde elettromagnetiche.

È stato stimato che l'aumento del nuovo campo elettromagnetico è aumentato di oltre 100.000 volte negli ultimi 50 anni e di quasi mezzo milione di volta rispetto al nostro medioevo!

L'uomo moderno è quotidianamente sottoposto ad un bombardamento di onde elettromagnetiche che il nostro corpo non hai mai subito in passato. Ed in questo il nostro "innocuo" cellulare è in cima alla classifica proprio per l'estrema vicinanza al nostro corpo durante il suo uso. Esse stanno sulla pericolosa soglia di 2200 MHz, ad un passo dalle 2500 tipiche dei forni a microonde.

Principali responsabili dell'insorgenza di alcune migliaia di tumori (quasi 10.000 a oggi in Italia). I grandi ripetitori dei cellulari cambiano la corrente nel cervello in modo sistematico, ed

▲ Uno, nessuno e centomila... Foto dell'autore

abitare vicino a questi è assai tossico. Ma la brutta notizia è che anche il nostro telefonino favorisce il cancro di suo e questi apparecchi sono classificati dall'OMS come cancerogeni di classe 2b. Curioso notare che i principali produttori di smartphone indicano nelle loro istruzioni (scritte in caratteri minuscoli) di non appoggiare mai il cellulare all'orecchio, ma di tenerlo "almeno" a due centimetri e mezzo dal corpo. 2,5 centimetri sono grosso modo il diametro di una moneta da due euro!

Uno studio serio di una università svedese ha dimostrato che usare sempre lo stesso padiglione auricolare nell'uso di un cellulare per oltre dieci anni espone al rischio triplicato di insorgenza di tumori al cervello. In Italia la Corte di cassazione ha riconosciuto che l'insorgenza del tumore al nervo trigemino di un signore era direttamente collegabile all'uso di almeno cinque ore giornaliere al cellulare, riconoscendo allo stesso una pensione di invalidità.

Uno studio approfondito dell'Istituto di Genetica Molecolare del CNR di Bologna afferma che "*I cellulari nuocciono gravemente alla salute. Non ci sono dubbi del profondo impatto biologico delle radiazioni di radiofrequenza. Il telefonino è uno strumento molto inquinante e dannoso per la salute.*"

È notorio anche che i cellulari distruggono le cellule cerebrali nelle aree legate alla memoria e all'apprendimento, favorendo quindi l'insorgenza dell'Alzheimer.

In odontoiatria l'uso dei telefoni cellulari è in grado di accelerare fino a dieci volte il rilascio di mercurio tossico dalle otturazioni dentali. Anche tenere semplicemente il cellulare nelle tasche dei pantaloni porta ad insorgenze assai delicate.

Le nuove generazioni, poi, proprio per una precoce e teoricamente più lunga esposizione hanno da 4 o 5 volte maggiori probabilità di sviluppare tumori al cervello.

Nelle donne in stato interessante persino un ridotto utilizzo dei telefonini rappresenta un rischio elevato di mettere al mondo futuri bambini caratterizzati da iperattività e difficoltà emozionali. È stato accertato che persino le api che vivono prossime a campi elettromagnetici pesanti smettono di produrre miele. A fronte di questi e innumerevoli altri studi che levano ogni dubbio in merito alla pericolosità e dei danni fisici derivati dall'uso dei cellulari, le grandi aziende produttrici e l'enorme impatto socio economico da esse controllate tendono a minimizzare la reale portata di questi rischi invitando semplicemente alla cautela, Per fortuna recentemente, il nuovo CEO di Apple Tim Cook si è speso in una dichiarazione di ammissione dei danni provocati dai cellulari.

▲ Nessuno è immune al selfie...Artwork dell'autore

SINDROME DELLA VIBRAZIONE FANTASMA

Il 90% del popolo telefonino-dipendente soffre della cosiddetta "sindrome della vibrazione fantasma", cioè sono talmente in stato di perenne *transfer* con il loro apparecchio che pensano, sbagliando che il loro cellulare gli stia vibrando in tasca, ad indicare il sopraggiungere di un nuovo post, mail, bit o messaggio. Quando il telefonino diventa una vostra protesi, una sorta di osso prolungamento di radio, ulna mano e falangi. O una sottospecie di ciste incollata alle chiappe del vostro sedere avvolto in jeans fascianti alla moda.

Un fenomeno che si verifica quando si porta sempre il telefono in tasca, che finisce per diventare parte del proprio corpo allo stesso modo degli occhiali o dei guanti in inverno.

Normali spasmi fisici, muscolari e di tendini vengono facilmente scambiati per il "canto" del vostro telefonino ed è incredibile verso quanti ciò a effetto. In misura minore ma facilmente verificabile quando suona un cell. Che è in un raggio di pochi metri pensa subito al proprio, invidiando poi il fortunato ricevente dello zuccherino da cavallo....

La ragione principale secondo chi studia il fenomeno è che il continuo flusso di notifiche, e quindi di vibrazioni, ci abbia reso particolarmente ansiosi e perennemente in guardia, oltre che in attesa di un suo cenno che ci segnala siete vivi!

Sentitevi liberi di aggiungere ulteriori motivazioni: probabilmente sono tutte corrette. Sicuramente la tecnologia sta impattando sul nostro cervello e tutte queste moderne tecnologie, tra cui email e messaggi finiscono per renderci particolarmente nervosi e irritabili per il dover rispondere a messaggi avvisi ed email.

Per curare questa sindrome dobbiamo pensare ad un serio cambiamento delle nostre abitudini, stando lontani almeno alcune ore al giorno dal telefonino e se proprio non ci riuscite almeno non tenetelo addosso al corpo e se siete a scuola o sul lavoro magari spegnetelo, così saprete che non vibrerà invano...perderete la puntualità di qualche post ma poco male certamente sopravvivrete anche senza.

Nel caso l'ansia abbia già fatto qualche buco comportatevi come alcuni fanno con il disturbo dell'acufene. Cercate di ignorare il rumore fantasma o abituatevi, come il casellante coi treni di deamicisiana memoria......

▲ Evitiamo di andare a sbattere....

ASTINENZA TOTALE O PARZIALE E COI TRUCCHI

Cosa fare quindi per cambiare radicalmente vita e ridurre questa dipendenza? Grosso modo la filosofia operativa che vi deve ispirare è simile a quella per combattere tutte le altre dipendenze: fumo, alcool, droghe. Imperativo è ridurne l'uso.

Vivere senza cellulare (e social annessi)

Prendere il cellulare e gettarlo dalla finestra, come in passato avrete forse fatto con l'ennesimo pacchetto di sigarette facendogli provare l'ebbrezza del "lancio del disco", si rivelerebbe solo un gesto tanto plateale quanto inutile. Se proprio avete optato per la decisione radicale di farne a meno del tutto, siate clementi e riponete il cellulare in un vostro cassetto dei ricordi dopo averlo scaricato della batteria.

Non regalatelo!

Non sarebbe etico, è come se voleste smettere di bere superalcolici e decideste di donare la vostra rarissima collezione di whisky scozzesi al vostro migliore amico beone con la vostra stessa passione.

Questa opzione però è la più dura da affrontare di punto in bianco. Non è da tutti. Serve un carattere e una volontà di ferro unite a sagge e opportune motivazioni. Non dimenticate poi che il problema non è solo vostro ma è (sopratutto) sociale, e questa dipendenza è pressoché totale fra i vostri simili in età dai 4 ai 90 anni...

È come se viveste in una società di cocainomani in cui solo voi e qualche raro altro individuo smettessero questa insana dipendenza, voi continuereste a vivere in un mondo che ha più di qualche problema per usare un eufemismo...Certo che se nessuno inizia nessun'altro lo seguirà.

Vivere (quasi) senza cellulare (e sempre con social annessi)

Personalmente ho sperimentato questa seconda opzione e ne parlo nel capitolo della mia esperienza.

Via decisamente più praticabile, e con non poche serie motivazioni. Anche se, sempre ragionando per similitudini, è un po' come ridurre le sigarette da un pacchetto e mezzo a 4 al giorno...o giù di lì. Per la verità in questo caso la similitudine è meno azzeccata. Si tratta di due dipendenze con alcune importanti differenze che non sto qui a spiegare ma che si riducono a vantaggio del ridotto uso dei telefonini.

L'astinenza parziale dal cellulare porterà, dopo la prima "dura" settimana, a un immediato sollievo di molte parti del vostro fisico e psiche, facendovi scoprire nuove piacevoli sensazioni.

Poi in questo modo non rinuncerete del tutto anche ad una serie di indubbi vantaggi comunicativi forniti dal mezzo, primariamente necessari per questioni professionali e/o personali.

Ma sarà come operare con la vostra vecchia segreteria telefonica (ve la ricordate quella col nastro a cassetta?).

Non vi sfuggirà nulla di quanto aspettavate di ricevere, ma sarà relegato in uno o due controlli giornalieri, lasciando per tutto il resto della giornata il vostro cervello libero di spaziare per i suoi soli pensieri.

Il modus operandi può variare da individuo a individuo, e da specie di **Homo cellularis** (vedi sopra), un modo è quello di uscire al mattino senza di esso. Lasciatelo a casa accanto al fisso (se ancora ne avete uno), svolgerà egregiamente il suo ruolo di segreteria.

Se andate al lavoro, e come molti di noi, lavorate al computer, non perderete nessuna novità relativa ai vostri compiti, le mail le riceverete lì. I vostri cari poi sanno bene dove vi trovate, in caso di emergenza il modo di contattarvi lo troveranno con facilità. Se poi siete studenti e andate a scuola o all'università il cellulare davvero non andrebbe mai portato. Bravi i francesi che con una legge lo hanno recentemente vietato (vedi più avanti).

La portabilità del mezzo vi permetterà di sbizzarrivi con molte soluzioni. Una soluzione meno drastica è quella di continuare a portarvelo appresso ma lasciandolo spento, in modalità aereo o in misura meno efficace silenziato e senza vibrazione. Personalmente, dopo aver collaudato entrambi i sistemi trovo più appagante proprio quello di lasciarlo a casa. Averlo nella tasca, anche se muto è un po' come avere sempre la tentazione di accendere una nuova sigaretta...

Altra variante consiste nel portarselo con sé solo in determinate occasioni in cui la sua utilità è al di sopra di ogni sospetto.

Aspettate una chiamata veramente importante, oppure siete voi che a una tal ora dovete assolutamente chiamare qualcuno e siete in mezzo ai boschi o in alta montagna...

Altro trucco utile all'evenienza è quello di spegnere le app dei social o meglio di toglierle del tutto dal vostro smartphone.

Il nostro cellulare, fosse solo telefonino con i 10 numeri arabi sarebbe assai più innocuo. Disinstallare WhatsApp, Facebook, Instagram, Twitter, Snapchat ecc. sarebbe già un bel passo avanti per rendere il vostro rapporto col mezzo meno nevrotico e ansiogeno.

Altro trucco infine è quello di dotarsi di vecchi modelli di cellulare, di quelli che non facevano le foto e con cui era persino complicato scrivere sms. Utili quindi solo quando vi serve per telefonare. In sostanza sostituisce il fisso di casa quando siete fuori e basta. E farla finita una volta per tutte con le nostre città piene di zombie col telefonino perennemente *on line* stretto in una moltitudine infinita di mani atrofizzate.

Tra qualche anno saremo pieni di persone incapaci di formare pensieri articolati e complessi, o anche solo riuscire a vedere qualche amico o amica di persona, visto che in tanti avranno perso lo stimolo di un incontro.

Combattere la dipendenza da smartphone con le app..

Vincere la dipendenza da smartphone con una stessa app presente nel cellulare può sembrare un controsenso, ma tra giochi a punti e assistenti virtuali è possibile recuperare un rapporto più sano con il nostro cellulare. La dipendenza da smartphone, ha anche un nome è la **Nomofobia**. Vale a dire la paura di stare senza il telefonino, di non poter ricevere i suoi continui aggiornamenti, post, bit e messaggi.

Oltre il 75% della popolazione che usa il cellulare ammette di andare nel panico dovendo rimanere senza la proprio protesi telefonica...Fra i giovani come è facile stimare questa percentuale sale ancora di più. E allora per aiutarci in questa ardua lotta ecco che fanno la comparsa tutta una serie di app che dovrebbero aiutarci a tenere sotto controllo il fenomeno.

Molte di queste app altro non sono che degli allarmi che ci seguono nel nostro uso quotidiano, informandoci del "tasso" di esposizione all'uso del cellulare: tre ore, quattro o dieci al giorno.. Queste app sono diverse e si chiamano: **Moment, Checky, Quality** time e altre. Recentemente l'ultima versione IOS (novembre 2018) prevede un conteggio automatico del tempo trascorso *on line* con report e tabelle piene di dati e opzioni!

Queste fanno generalmente leva sulla nostra coscienza, semplicemente indicandoci: Guarda che stai superando il limite... In Giappone, dove il problema è molto serio e particolarmente avvertito hanno sviluppato una app per i genitori dei ragazzi in età scolastica per combattere la dipendenza dei figli dal cellulare. Si chiama **Otomos** ed è un'App con funzioni avanzate di timer impostabili dall'utente tramite password. Essa consente di scegliere i tempi di utilizzo del telefonino, consentendo il suo spegnimento una volta raggiunta la soglia d'uso preimpostata per somma di ore o per orari determinati (come quando i ragazzi sono a scuola ad esempio).

Simile a **Otomos** è **My Digital Diet** che come dice nel nome, vi mette a dieta forzata una volta superata la soglia temporale stabilita. Altre app fanno del loro appeal ludico la formula per deincetivare l'uso del telefonino. La app **Forest** ad esempio si trasfoma in una sorta di giochino ecologico che vi permette, come premio, di far crescere alberi in una foresta virtuale solo se ci si astiene dall'usare lo smartphone. Una altra app più "militare" chiamata **StepLock** come un buon sergente dei *marines*, bloccherà le vostre social-app finche non avrete svolto tutta una serie di compiti ed esercizi specifici. Sia fisici che mentali.

Alla fine se con nessuno di questi metodi indicati, e se anche dopo aver adottato qualcuno o tutti questi rimedi ancora non riuscite a staccare dal magnetismo provocato dall'arrivo di nuove notifiche su Instragram e Facebook o al controllo delle spunte blu sui messaggi di Whatsapp, be allora siete solo dei casi clinici.

L'esempio francese che ha vieta l'utilizzo dei cellulari a scuola

Il Senato francese nel settembre del 2017 ha deciso di mettere uno stop che ai cellulari nelle aule scolastiche. Il divieto di utilizzare i cellulari varrà non soltanto durante le ore di lezione ma anche nel corso della ricreazione. Si tratta di un provvedimento promesso da Emmanuel Macron durante la sua campagna elettorale. Si tratta di un divieto di utilizzo di smartphone, tablet e altri dispositivi smart per tutte le scuole dalle materne fino al liceo. Le stesse scuole dovranno attrezzarsi di uno speciale spazio/hangar dove depositare gli apparecchi o in alternativa consentirgli di tenerli spenti nello zaino.

Un cambiamento destinato a fa parlare molto di sé e che andrebbe opportunamente monitorato e analizzato anche dalle altre nazioni europee ed occidentali. La decisione non nuova per la verità (data infatti dal 2009 ma non era mai stata messa in pratica per esigenze organizzative) è nata a seguito di uno studio francese in base al quale il 93 percento dei francesi tra i 12 e i 17 anni possiede un cellulare.

La stretta sull'utilizzo degli smartphone nella testa del presidente Macron riguarderà anche altre istituzioni politiche e organizzative. In merito a questa decisione il ministro dell'Istruzione Blanquer aveva spiegato come questa presa di posizione *"sia fattibile per ogni gruppo umano"*.

Lo stesso ministro ha aggiunto: *"La dipendenza dai telefonini può diventare una piaga nelle nostre società, che nuoce ai rapporti umani... Ci sono diversi aspetti negativi nelle nuove tecnologie contro cui bisogna adottare adeguate precauzioni. Penso in particolare alla protezione dei dati sensibili, ma anche al cyber-bullismo, alla frequentazione di siti violenti o pornografici e poi ovviamente alla dipendenza dagli schermi"*, ha spiegato Blanquer, prima di aggiungere: *"E' un messaggio di umanità destinato ai nostri bambini e ai nostri adolescenti sulla necessità di guardarci negli occhi, di parlarsi, di saper lasciare il telefono in disparte"*.

Ma, come sanno bene anche gli insegnanti italiani, sarà compito arduo far rispettare ai ragazzi queste norme ai propri studenti in classe. In Francia i docenti comunque non avranno alcun diritto di perquisire gli studenti né tanto meno di sequestrare i telefoni. Come garantire quindi che tali apparecchi rimarranno spenti nel corso delle lezioni?

In Italia i nostri governi hanno finora adottato una politica di *moral suasion*. Optando per una scelta di "uso responsabile" dei telefonini e iPad.

Attraverso una formula che autorizza l'uso dei dispositivi digitali in classe ma solo a scopo didattico. Fino al 2007 tuttavia anche da noi (circolare Fioroni del 2007), l'uso del cellulare in classe era vietato. Poi i politici successivi hanno ritenuto troppo drastica questa decisione o comunque inutile, visto che tre studenti su quattro ammettono di usarlo, hanno deciso di regolamentarne l'uso attraverso precise linee guida.

Sulla base di queste indicazioni i ragazzi possono usare il cellulare per ricevere chiamate o messaggi, cosa che in questi termini permette di fatto anche l'utilizzo di social e relative notifiche di WhatsApp o Instagram.

Parte seconda
I SOCIAL NETWORK

▲ Investiti da una pioggia di social... Foto dell'autore

IL TUO CERVELLO ALLA MERCÉ DEI SOCIAL

Ben tre miliardi di persone nel mondo sono costantemente connessi fra di loro tramite le note piattaforme di Facebook, WhatsApp, Instagram ecc.

Lo fanno con una media globale di quasi tre ore al giorno, quasi il 25% del proprio tempo da svegli!!

Oramai ne è nata anche uno speciale linguaggio: "ti ho taggato, bannato. Messo un like, twittato. Whatzappato e cosi via...

Ovviamente la cosa non è sfuggita a sociologi e scienziati delle neuroscienze, e... ma dico io nemmeno alla casalinga di Treviso al contabile di Cuneo o al bracciante abruzzese.

Come già ampiamente accennato nel capitolo precedente, gli effetti principali sono riconducibili ad una specifica serie di fattori. Del resto le social-app agiscono proprio per tramite o per mezzo di supporti mediatici connessi a internet.

Non solo cellulari quindi, ma anche computer, iPad e ultimamente anche gli SmartWatch.

Fra gli effetti ricordiamo la dipendenza. Una discreta percentuale, secondo alcuni studi almeno il 10% della popolazione interconnessa non sa controllare quanto tempo trascorre sui social. In questi soggetti anche l'elettroencefalogramma rivela danni a quella parte del cervello, simili a quelli individuati negli utilizzatori abituali di droghe pesanti.

La ragione è da ricercare nell'appagamento immediato che gli utenti ricevono dai social che fa sì che il cervello sviluppi dipendenza dagli stimoli offerti da Facebook e compagnia.

La già citata sindrome da vibrazione fantasma che colpisce fino al 80% dei possessori di cellulare. L'uso poi abituale del *multitasking* che ci fa tenere aperto una più sessioni di Facebook, chattare su WhatsApp e spedire una e-mail e magari nel frattempo berci anche un caffè...

Crediamo cosi di allenare il cervello a fare più cose contemporaneamente, in realtà è vero il contrario e chi trascorre molto tempo sui social in realtà diviene meno abile nel passare da un compito all'altro, si distrae maggiormente, perde in efficienza e va persino incontro a rischi ansiogeni-depressivi.

Ma il vero veleno dei social, lo zuccherino da cavallo è la dopamina rilasciata, in quantità anche tre volte superiori a quando dialoghiamo con qualcuno in modo diretto (de vis) e non ad esempio via Facebook. Questa dopamina "artificiale" compensa il nostro egocentrismo in realtà e non aiuta la nostra maturità personale. Per questo stesso motivo, le relazioni che nascono sul web hanno connotazioni particolarmente articolate, ma spesso fasulle o fuorvianti, tanta è la mole di dati che ci si scambia sui social che fa si che due persone prima di incontrarsi di persona hanno modo di conoscere a fondo gusti e passioni dell'altro, o credono che sia andata così.

▲ Automatismi cibernetici

SUL WEB NOI DIVENTIAMO ALTRO...

La scrittrice americana Patricia Wallace ha scritto un libro interessante uscito in Italia col titolo: "*La psicologia di Internet*", il libro studia a fondo i comportamenti e le manie nate a seguito del nostro rapporto con i social network.

La scrittrice si occupa per professione di psicologia delle relazioni e dell'apprendimento – ed in questo suo saggio ha puntato tutte le sue attenzioni nel cercare di descrivere il ritratto della nostra psicologia *on line*, tracciata dai social network e dai mezzi coi quali interagiamo con loro.

Perché Internet e il suo nuovo mondo rappresentano un ambiente completamente nuovo per il comportamento e le interazioni umane, un ambiente assai interessante da analizzare a fondo. "Abbiamo avuto migliaia di anni di evoluzione per prendere confidenza con le interazioni umane in contesti faccia a faccia, ma appena due decenni per il mondo *on line* diffuso su larga scala, ed ora è il luogo dove si svolge molta dell'interazione umana, con strumenti del tutto diversi.

Non solo manca il contatto viso a viso, ma c'è anche la distanza fisica, l'incertezza sul pubblico che ci vede e ci ascolta, la percezione dell'anonimato, la mancanza di un feedback immediato e gli strumenti di comunicazione che usiamo si basano principalmente su testo e immagini. Al tempo stesso Internet è un motore senza precedenti di innovazione, connessione e sviluppo umano".

Una realtà che nei fatti ci estranea e ci trasforma: "Non possiamo dire di diventare una persona diversa *on line*, ma proprio come ci comportiamo diversamente in spiaggia o in ufficio siamo influenzati dalle caratteristiche della rete. Tutti, almeno in una certa misura. La maggior parte delle persone si costruisce e mantiene *on line* una persona che è una versione in qualche modo potenziata di se stessa, che valorizza le caratteristiche positive e smorza quelle negative, a volte creando veri e propri personaggi nuovi rispetto al reale, anche solo per provare qualcosa di diverso".

Con i mezzi moderni che ci sono messi a disposizione è estremamente facile entrare nel camerino dei costumi e abbigliarci alla bisogna, e modificare dati, note persino immagini a nostro piacimento. Per i creativi informatici questo è addirittura un gioco da ragazzi. Prosegue l'autrice: "Parallelamente questa 'persona *on line*' manca di feedback immediati relativamente a quello che dice o a come appare, quali possono essere un'espressione del volto, uno sbadiglio, il movimento degli occhi. In assenza di questo feedback immediato su quello che si dice o su come si appare, l'ambiente *on line* rischia di condurci alla disinibizione, specie in condizioni di anonimato o di farci divulgare troppe informazioni personali".

Questi cambiamenti sono immediatamente visibili, proiettati in una sorta di teatro virtuale, siamo personaggi, non solo in cerca di autore, ma registi, sceneggiatori e comparse allo stesso tempo.

Sempre rubando a Pirandello, siamo uno, nessuno e centomila! Una enorme esplosione narcisistica che ruota attorno al nostro personaggio centrale in mezza ad un pubblico non pagante che ci inonda o meno di like o "mi pace" a suggellare il premio al nostro io interpretativo.

Una sorta di narcisismo epidemico che permette ai più abili col mezzo di raccogliere nel breve anche migliaia di consensi ed un numero elevatissimo di amici e followers.

Ed in questo alveo, da bravi sacerdoti della nostra piccola o grande funzione, dispensiamo quasi mai saggiamente il nostro verbo e il nostro pensiero digitale.

Continua la Wallace nel suo scritto: "Quando si comunica *on line*, la gente non solo sembra più brusca e aggressiva, in realtà lo è davvero. A volte ci si dimentica che il tono, nelle comunicazioni più tradizionali, è veicolato con i segnali non verbali, le espressioni facciali sì, ma anche la postura del corpo, il contatto visivo, la voce, per esempio. In assenza di questi segnali, *on line* è più difficile esprimersi in maniera sottile, quindi le comunicazioni appaiono più brusche e aggressive". Sui social siamo molto meno attenti. È molto facile commettere errori di valutazione e di inserimento.

Il tutto procede in maniera istintiva senza controllo delle bozze. Tuttavia va detto, il mezzo ha il suo fascino. La gente ha anche buone ragioni per rimanere connesse, come gigantesca fonte di dati infatti Internet non ha rivali.

Ha milioni di dati in più della biblioteca fisica più grande del mondo. Chi sa cercare trova davvero tutto sul web.

Per lo shopping, la rete ci permette di acquistare e confrontare i prezzi con una facilità (e una convenienza) disarmante.

Per chi lo usa per il lavoro (il mio caso) è un mezzo assolutamente insostituibile.

Tutti questi fatti nella sostanza rendono il problema ancora più complesso e difficile da analizzare.

▲ Presi dai social tanto che non si socializza più... Foto dell'autore

INSTAGRAM È LA PIÙ PERICOLOSA

Questa App utilizzata soprattutto dai più giovani si rivela un vero cavallo di troia... Lo rivela uno studio inglese della Royal Society for Public Health su un gruppo di giovani fra i 14 e i 24 anni sostiene che Instagram sia la più deleteria per la salute mentale. L'esperimento è stato condotto su alcune migliaia di giovani fra i 15 e i 25 anni di età.

La celebre piattaforma nata principalmente con lo scopo di condividere foto e video, in cui i selfie rappresentano punte altissime di presenza, ha nel tempo aggiunte funzionalità tipiche delle chat che su Instagram si chiamano "le Storie".

Proprio perché tipicamente giovanile e vagamente criptica per gli adulti, vista la sua forte codifica di hasthtag, criptature ecc. Instagram finisce col provocare ai suoi usufruenti contenuti problematici e disturbanti, da quelli della proanoressia (dove le ragazzine inviano foto in una sorta di gara di "bellezza". E dove vince chi ha ossa più visibili...una dieta pericolosa alla ricerca del like in più) fino ai più complessi fenomeni giovanili di autolesionismo e cyber-bullismo oltre che a fenomeni degradanti di esibizionismo a tutti i livelli.

Instagram per l'appunto è il primo in classifica in questo settore come pericolosità seguito in questa speciale classifica da Snapchat, Facebook, Twitter, e YouTube nell'ordine.

Come in tutte le analisi la App in questione se la cava invece bene in altre caratteristiche come ad esempio nei riguardi dell'espressività. Ma nel provocare ansia, depressione e soprattutto la cosiddetta **Fomo** la "fear of missing out", ovvero la sindrome da esclusione che provoca fra gli esclusi o fra i disconnessi una sorta di vero e proprio panico quando vengono privati del controllo relativo agli aggiornamenti... Instagram con la sua artificiale maschera, è la prima in classifica. Essa consente agli utenti la maggior possibilità di distorsione della realtà, offrendo immagini patinate oltre misure e lontane dalla realtà in una sorta di autoesaltazione del soggetto, cui spesso fanno seguito centinaia o migliaia di followers (seguaci) col risultato di far sentire inadatti i più fino a deprimerli e farli sentire dei veri e propri esclusi.

Il meglio piazzato in questa classifica dei pericoli rimane la piattaforma dei video Youtube, praticamente asettica nei confronti di fenomeni Ansiogeni. A suo carico viene addebitato soprattutto una problematica relativa alla qualità del sonno, per via degli streaming a volti lunghi anche ore.

Lo studio inglese quindi raccomanda di correre ai ripari indicando come sia ormai necessario educare all'uso dei social network già dagli anni della scuola.

Lo stesso Ceo di Instagram fa promesse (da marinaio?) di voler mantenere il "giochino" in ambito sicuro e non diseducativo. Peccato che queste vicende spesso sono più grandi e fuoriescono dal recinto delle buone intenzioni.

Insomma il business conta sempre molto di più dell'educazione e dell'etica. Un altro studio inglese evidenzia anche che tutto sommato i *"like"* di cui si va spasmodicamente alla ricerca, giorno e notte in realtà non offrono che una effimera e di breve durata gratificazione. Anzi, sembrerebbe davvero il contrario: più dipendiamo dai clic di chi ci segue più abbiamo scarsa fiducia in noi stessi.

▲ La rete dei social...

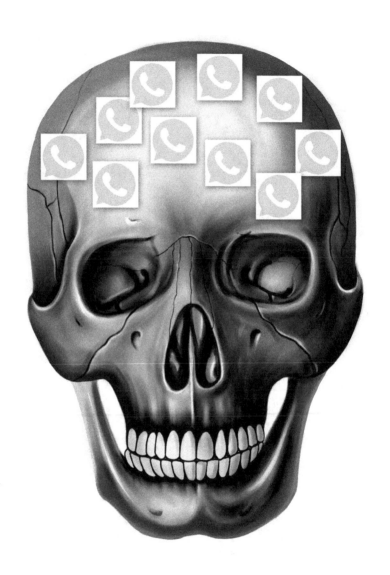

▲ Homo whatsappidus....

DIPENDENZA DA WHATSAPP

WhatsApp; dall'inglese "What's up? – Che succede?", è certamente l'applicazione di messaggistica istantanea più famosa al mondo, per di più è completamente gratuita, facilissima e intuitiva da usare e accessibile a tutti.

WhatsApp Permette di inviare oltre ai messaggi di testo foto, note audio e video.

In WhatsApp potete facilmente creare gruppi che riceveranno tutti insieme all'unisono i vari aggiornamenti postati anche da un solo membro al gruppo stesso (compagni di scuola, amici delle vacanze, gruppo condominiale ecc).

Su questa rivoluzionaria App, chiunque anche le persone più timide, introverse, insicure possono liberamente esprimersi in maniera spontanea.

I più compromessi trascorrono più di dieci ore al giorno su WhatsApp, facendone un vero e proprio abuso. Comunque anche ¾ ore sono un dato temporale grave...

Tutte queste persone sono a enorme rischio di distacco dalla realtà, tradotto nella continua necessità di essere connessi con qualcuno fra quelli presenti nei propri contatti.

Mancate presenza o riposte su WhatsApp comportano vere e propria crisi d'ansia e di stordimento da parte di questi soggetti. Questa forte dipendenza dal telefonino, come mostra la cospicua galleria delle immagini che arricchiscono il libro lo si può notare ovunque: in autobus, al ristorante, nei corridoi delle scuole, per le strade, allo stadio ecc...

Per moltissimi, il primo gesto al mattino è diventato per tradizione e abitudine controllare eventuali nuovi messaggi, e qualcuno opera questo controllo anche durante la notte con il sonno gia compromesso da queste pessime abitudini.

Le mancate risposte sono il loro vero incubo!

Questa assenza fa scaturire uno vero e proprio stato d'ansia generato dall'attesa delle stesse. Questa schizofrenica forma di comunicazione sta sempre più prendendo corpo ormai sulla vita reale.

Riepilogando i danni maggiori di questa diffusissima App sono i seguenti:

WhatsApp può venire usato facilmente come un efficace strumento di controllo. Infatti questa App non è solo uno strumento di messaggistica. La sua particolare conformazione, studiata assai bene in ogni suo particolare a tavolino dai suoi inventori, è il detective privato ideale grazie a diverse funzionalità offerte e insite nell'applicazione stessa.

Come molti sapranno è infatti possibili vedere chi dei propri contatti è *on line*, con chi sta interagendo (controllando più contatti nel medesimo orario ad esempio).

Stabilire se lo stesso ha ricevuto il vostro messaggio se è stato letto o se probabilmente è stato letto solo sul blocco schermo ecc. In determinati casi verrete informati anche sugli orari dell'ultimo accesso in rete. Funzioni ovviamente utili in gran parte delle situazioni normali, ma di una pericolosità sociale che è facile immaginare se collegati a sentimenti di gelosia in chi ha la tendenza a controllare partner, parenti o amici, verificare cosi se ad esempio il loro ultimo accesso è coerente con l'attività che sta svolgendo, col rischio di far diventare il tutto una vera e propria ossessione che porta ad una sofferenza incontrollata in alcuni soggetti.

I fans assidui di WhatsApp sono spesso intenti a scrivere sul loro cellulare a capo chino sul cellulare, mentre verosimilmente intenti a rispondere ai vari messaggi ricevuti. Sono talmente coinvolti in questa attività che fa stridere la completa assenza di fatto nei confronti delle persone che fisicamente stanno attorno a loro nel mentre.

Una vera e propria crescente difficoltà a relazionarsi, se non dietro allo schermo di un cellulare, una usanza che rischia di uccidere l'empatia umana, fatta di elementi umani come la mimica, la gestualità o l'intonazione della voce.

Strumenti naturali che danno tono e ritmo allo scambio interpersonale. Tutte cose improponibili nel dialogo virtuale, asettico e impersonale. L'empatia è l'elemento fondamentale alla base di ogni relazione, costituisce la capacità profonda di intuire gli stati d'animo altrui, "sentire" ciò che prova l'altro, ascoltare e comprendere le esigenze altrui.

Dote preziosa da non trascurare assolutamente e che rischia così l'estinzione.

Ed invece con WhatsApp, a peggiorare le cose si aggiunge anche una forte propensione all'ansia causata dall'istantaneità del mezzo, che ci invita a rispondere sempre e subito nell'immediato.

ASAP (as soon as possible) come dicono gli anglosassoni!

In questo modo viene eliminato un altro importante elemento "romantico" del dialogo vecchio stampo: l'attesa.

Elemento che rivestiva carico di fascino e di mistero.

Ci si domandava, con calma, chi, cosa, perché. E lo si faceva nei tempi giusti, umani! Coi social e soprattutto con WhatsApp l'ansia si impossessa di voi e di domanda: "perché non risponde?", "perché non mi fa sapere nulla?".

Non ultimo, come già per tutti i social e le App che li veicolano anche WhatsApp il problema legato al sonno notturno. In questo campo questa App è fra le più insidiose nel ritardare la fase di addormentamento.

Whatsapp, ecco come farne a meno

Da quando il programma è stato inventato nel lontano 2009 dai due geniali informatici Jan Koum e Brian Acton ne ha fatta di strada. Gli inizi sono stati lenti ma la App dette subito doti di facilità d'uso e di praticità. Vi permetteva di inviare messaggi sostitutivi dei tradizionali SMS semplicemente stando in rete, e senza costi aggiuntivi.

Nel tempo il giocattolo è stato migliorato ed arricchito con le *emoji*, con i messaggi vocali e altro.

Nel breve si è alla fine imposto come la soluzione ottimale per dialogare coi nostri amici e col resto del mondo...E ne siamo diventati tutti dipendenti. Molti si stanno rendendo conto di ciò e cercano di correre ai ripari.

WhatsApp ha fatto molti prigionieri, un popolo che non riesce più a farne a meno. Il programma ha una propensione naturale a provocare incidenti data la forte distrazione che investe chi lo usa in modo spasmodico. In auto, in bicicletta ma anche a piedi. Sono migliaia gli incidenti stradali e non causati da utenti distratti dall'uso di WhatsApp.

Insomma il mezzo è affascinante e anche certamente utile, ma bisogna usarlo con intelligenza e molta responsabilità evitando per quanto possibile di esserne dipendente.

A oggi si stima che quasi il 50% degli italiani lo sia in maniera più o meno consapevole.

Nei casi più difficili, se proprio vi sentite di non poterne fare a meno la cosa migliore è quella di disinstallare l'applicazione evitandovi sul nascere ogni complicazione mentale.

Avrete comunque sempre a disposizione una miriade di alternative per mandare messaggi, come usare e-mail, sms, chiamate dirette.

Scoprirete così che non è poi così difficile stare lontani da WhatsApp (o da Facebook, Instagram ecc.), basterà lasciare il telefono a casa come già ben suggerito nel nostro capitolo precedente. Vi basteranno solo pochi giorni, per vedere una realtà completamente diversa e più piacevole, e se vi interessa qualcuno avrete modo di starci vicino davvero, a contatto fisico, guardandovi negli occhi e viverne le emozioni.

La tecnologia continuerà comunque ad essere importante, ma la vita quella vera quella reale lo sarà sempre infinitamente di più.

FACEBOOK E SALUTE: I DANNI DA SOCIAL NETWORK

Il più potente di tutti i social, il social per antonomasia: Facebook. Il suo inventore nel 1999 Mark Zuckerberg andava ancora alle superiori e questo universo era ancora di là da venire. Oggi invece fa parte pesantemente della nostra vita, della vita di tutti (o quasi). Ne facciamo perlomeno un uso quotidiano e a volte avvertiamo che questo non è proprio sempre un bene... Insieme a tutti gli altri social ci sta cambiando, in maniera radicale il nostro stile di vita.

I fattori che intaccato la nostra salute psico-fisica sono molteplici. Innanzitutto partiamo dall'isolamento indotto dai social. Noi lo utilizziamo soprattutto per interagire con amici, parenti ed estranei che stanno dall'altra parte del cavo virtuale, quindi, come dice il nome social, lo utilizziamo per dialogare, socializzare, entrare in contatto in maniera immediata, con un numero potenzialmente elevato di individui, solo che non lo facciamo in maniera naturale ma attraverso un medium mediatico. Anziché parlare a voce, ammiccare con o sguardo, odorare il nostro dirimpettaio ecc. davanti a noi abbiamo il freddo schermo di un computer, o di un cellulare e relative tastiere col risultato, che è anche un paradosso, che è quello di sentirci ancora più soli di prima!

L'American Journal of Preventive Medicine ha effettuato una ricerca basata su test e risultati incrociati che hanno permesso di scoprire l'evidente...

Studiando i comportamenti di alcune migliaia di giovani statunitensi, i ricercatori del famoso magazine scientifico hanno potuto constatare che chi utilizzava i social più di due ore al giorno si sentiva più isolato rispetto quelli che si tengono sotto la mezz'ora. Essi hanno potuto anche stabilire la soglia di attenzione che è di 58 visite su Facebook alla settimana.

58 fanno all'incirca otto volte al giorno, un inezia per i più diciamocelo...

Ritrovarsi su questa starter base vi "garantisce" il 300% in più

di possibilità di isolarvi dal resto del mondo! Meditate gente.
I motivi anche qui Intuibili. In primis stando tanto sui social rinunciate giocoforza ai vostri tradizionali incontri e relazioni normali, il tutto per rimanere sul vostro "social" così poco sociale in realtà...Senza contare il concreto rischio di dipendenza di cui abbiamo già ampiamente parlato nel capitolo sui cellulari. Sempre in aiuto di questa tesi a confermare il tutto ci soccorre l'ennesima ricerca americana, questa volta si tratta della prestigiosa Università di Harvard.

Lo studio ha collegato problemi di salute legati alla dipendenza nell'utilizzo dei social network.

Quando stiamo ore sui social finiamo con l'accendere un complesso sistema di neuroni chiamato *nucleus accubens*, che si attiva e assume un ruolo centrale durante i momenti di piacere. Fra i vari problemi della propria salute legato ai social network vi è il fenomeno del sonno irrequieto se non assente. Molto facebookiani critici faticano ad addormentarsi. Più subdoli, perché rischiano di perdurare sono i problemi che i social possono comportare al cervello. Su tutti segnaliamo il disturbo narcisistico della personalità.

Questo è un disturbo, una sofferenza particolarmente incisiva. che fa soffrire. Il rischio di diventare narcisi ed egocentrici si moltiplica con l'uso dei social. Convinti come siamo che tutto il nostro virtuale piccolo mondo giri tutto attorno a noi.

Tutte infiltrazioni che tendiamo a sottostimare, a dirci ma no, controllo tutto, non ci credo ecc. ed invece è ormai scientificamente provato che alla base di questi sintomi di narcisismo patologico ci sia l'assidua, ossessiva presenza sui social network.

LIKE ADDICTION E VAMPING

Stare svegli tutta la notte e per più notti fra un micidiale cocktail di streaming di serie tv, film, social, tweet di ogni tipo. Questo fenomeno ha un nome scientifico, si chiama Vamping, parola che in inglese ha vari significati: rattoppare, sedurre, ostinarsi...ma anche comportarsi da vampiri...

Tutti almeno una volta nella vita o più siamo stati svegli al notte a rileggerci lo scambio di mail o di messaggi con il nostro nuovo amore, o a terminare un libro che ci ha tanto appassionato, o ancora e di più per preparare l'esame di latino del giorno dopo... Qui però rimaniamo nella normalità, episodi che anche tempo dopo ricordiamo con affetto e nostalgia...

Il vamping purtroppo è molto peggio. Fare il vampiro sveglio tutta la notte per vedere la fine del telefilm, o della serie TV, o navigare senza meta su Facebook e Instagram è molto peggio che prolungarsi nella storica e tradizionale telefonata con l'innamorato/a o concludere il secondo capitolo del romanzo che state leggendo...

I più giovani hanno addirittura inventato l'hashtag #vamping, in cui ci si chiede a vicenda chi è sveglio, considerando i dormienti come degli sfigati al motto di "una volta la notte era fatta per dormire".

Situazione preoccupante come è facile intuire.. Perché come i vampiri che si aggirano nelle ore notturne, gli adolescenti non aspettano altro che il buio per materializzarsi sui social media, sempre connessi con portatili e telefonini accesi fino alle prime ore del mattino.

Accompagnandosi con tweet del tenore: "chi è ancora sveglio?" Oppure "sono la sola o c'è qualcun altro?"

Il fascino del vamping sembra anche riconducibile alla volontà di distinguersi e di sentirsi parte di un club esclusivo. Il fenomeno è, come già rimarcato soprattutto a carico dei giovanissimi, vere vittime predilette di queste mode. Gli adulti, per loro fortuna hanno un bagaglio personale che gli permette di schivare queste esperienze, anche se con varie importanti eccezioni... La notte è quindi il momento topico e ideale, uno spazio che permette una conversazione intima fuori dal controllo degli adulti, e dei genitori e sta chiaramente ad indicare ancora una volta una difficoltà relazionale legata alla vita di tutti i giorni di questi soggetti.

La speranza è che come per tutte le mode, anche questa sia in qualche modo passeggera.

Non solo vamping

Like addiction, challenge, nomofobia sono le altre nuove patologie da iper-connessione, sempre dedicate al target dei giovanissimi che già in età precocissima si sono ritrovati in mano un cellulare completamente performante e connesso con internet. La media oggi dell'uso del primo cellulare in Italia è fra gli otto e i nove anni di età.

Si avete capito bene 8/9 anni. Bambini, manco adolescenti... Il 50% di questi stanno in media col cellulare attivo fra le 3 e le sei ore, i restanti dalle sei ore alle 10 (i casi più gravi anche oltre le dieci ore!). Quasi il 100% degli adolescenti vanta più profili sui social, fra i bambini, preadolescenti la media, preoccupante è del 75%!!

Di questi un quarto "vanta" addirittura un profilo finto con tutti i pericoli di qui è facile immaginare!

Fra questi l'app regina è WhatsApp, utilizzata dalla stragrande maggioranza di loro.

Inevitabilmente questa forte dipendenza dal mezzo e dai social connessi che accomuna tutti i ragazzi è di tenere a portata di mano il telefono 24 ore al giorno con fenomeni di vamping di cui abbiamo già parlato.

Il **Like Addiction** è un'altra patologia emergente legata all'abuso dello smartphone. I ragazzi (ma anche moltissimi adulti in questo caso) sono alla continua ricerca di approvazione personale che gratifichi il proprio ego, raggiunto attraverso la più grande raccolta possibili di like e follower. Gli adolescenti hanno meno freni inibitori e condividono letteralmente di tutto, e lo fanno in quantità industriale, foto personali e private comprese, mettendo tutto il proprio sé in vetrina. Non ricevere un adeguato numero di mi piace porta dritto ad una sorta di depressione temporale anche di durata seria.

Per garantirsi un successo nella raccolta dei like gli adolescenti fanno ampio uso dei selfie, i famosi autoscatti, dove si è disposti a fare letteralmente di tutto (diete assurde, posizioni pericolose o immagini compromettenti) pur di garantirsi un successo di visualizzazioni.

La nomofobia, da no-mobile-phone, è invece la fobia legata al panico di rimanere senza telefono o senza connessione a internet, colpisce quasi il 90 per cento degli adolescenti e il 60% dei bambini fra gli otto e i dieci anni.

▲ ..We are a dream...

▲ ..persi nella rete...

LE CHAT ANTI FACEBOOK L'ULTIMA FRONTIERA
DELLE APP DI MESSAGGISTICA ANONIMA

L'ultima moda dei social sono le app dedicate alle chat anonime, per la verità sono solo o almeno lo sono in parte, la versione tascabile e portabile su cell. e altri dispositivi più pratici di quelle già mote in uso sul pc da tavolo.

Si chiamano **Whisper, Secret, Firechat, Rumr, Truth**... le versione per cell dei vari **Meetic, Chatta** ecc.

Queste nuove app permettono di postare messaggi anonimi e di chattare con i propri contatti senza rivelare la propria Identità. Esse sono disponibili sulle piattaforme IOS e Android.

Il fascino oscuro di queste app è di permettervi di entrare di nascosto in queste relazioni, dove facilmente vi costruirete, non solo un nuovo Nickname, ma anche in qualche modo una personalità diversa e plasmabile di volta in volta.

Insomma una vera e propria schizofrenia comportamentale. E si tratta di app di successo che in poche settimane hanno scalato le vendite in classifica fra le applicazioni più scaricate.

Queste nuove chat si suddividono sostanzialmente in due sotto categorie. Quelle come **Secret, Rumr** e **Truth** si rivolgono soprattutto ai vostri contatti, restringendo in un certo senso il vostro campo di azione.

Whisper e **Firechat** sono più elaborate e in un certo senso più aperte. Chiunque può rispondervi con un: "love" e aggiungersi cosi in automatico al vostro "parco buoi".

Questi a sua volta possono portare in dote i loro amici in un enorme aumento quantitativo da villaggio globale incontrollato e incontrollabile, Insomma una situazione esplosiva ed eccitante proprio perché fuori controllo...E' nato un eufemismo per spiegare meglio questo tipo di chat, esso appare scritto nelle frasi marketing delle stesse app: "E' come fare una conversazione con le luci spente". Come facile immaginare i più entusiasti sono come spesso accade gli utenti più giovani, che grazie a queste piattaforme possono sperimentare linguaggi altrimenti improponibili e confidare un po' a tutti i loro segreti più inconfessabili.

L'anonimato è il vero deus ex macchina, in alcuni casi, come con *Truth*, dove la "barbarie" va oltre permettendovi di mandare messaggi privati a contatti presenti sul vostro telefono in modo anonimo, anche se chi lo riceve non ha e neppure sa di questa applicazione.

Una vera e propria invasione di campo, alla faccia della privacy... L'effetto di sollievo che si prova a postare in questo modo svolge in un certo senso anche una funzione terapeutica che ci libera dallo stress psicologico di tenere un segreto solo per noi.

In questi contenitori possiamo urlare e sbraitare i nostri segreti più inconsci, certi di farla franca. Un pò come se scrivessimo una frase su un muro di notte senza essere visti da nessuno... con il risultato di entrare a far parte di un viziato circolo empatico di perfetti sconosciuti, i nostri cari nick-friends: Bob, Johnny, Dizzy, Barbarella ecc. di cui non sappiamo altro...dove la contraddizione, gigantesca sta nel rilevare segreti inconfessabili, praticamente a tutti... Un pò come parlare a 250 osti e baristi della vostra ultima marachella!

Firechat in questo senso va molto oltre permettendovi di scambiare non solo chat ma anche foto, video e altro che grazie ad una finestra *nearby* (un particolare protocollo insito nella applicazione) vi permette lo scambio di tutti questi dati anche senza essere su internet, purché siate ad una distanza di esercizio opportuna...come ad esempio dentro a un metro, allo stadio o in una discoteca.

Gli effetti a livelli di fantasia sono ovviamente devastanti.

Sapere che il vostro sconosciuto di cui sapete tutto quello che non ha mai confessato a nessuno è li che vi gira attorno a pochi metri è estremamente seducente ed eccitante!

Come sempre ad alte potenzialità fanno riscontro potenziali pericoli e danni altrettanto alti. Inutile ribadire che questi terreni sono i più adatti alle numerose legioni di millantatori di cui è piemo il web, e di virali adepti al bullismo virtuale dove anche se l'anonimato sembra favorire la sincerità e proteggere gli utenti, in realtà la possibilità di mentire è sempre statisticamente molto forte.

Rivolgersi a un'entità non riconducibile ci solleva da troppo lacci e ci regala una parvenza di controllo che in realtà non esiste proprio.

▲ ..Iperconnessi...

▲ Trovare l'uscita del tunnel..

APPENDICE
VIVERE SENZA FACEBOOK E WHATSAPP

Se decidete di staccare la spina dai social più noti sappiate bene e subito che non sarà una impresa facile.

La scelta dei due notissimi social network nel titolo non è casuale. Essi rappresentano piattaforme universalmente note e sono certo che quasi tutti voi che mi state leggendo avete almeno un account su uno di essi o su entrambi.

Le prime difficoltà le incontrerete già nell'atto di chiusura dell'account, tutt'altro che semplice. Tuttavia questo libro esula da questa problematiche tecniche. Piuttosto è da rimarcare la probabile suggestione che vi porterà davanti a questa proposta ghigliottina. Vi sentirete un po' strani come minimo...

Per prima cosa vi domanderete se e come salutare la legione di contatti e followers presenti nella vostra pagina.

Più erano i vostri contatti (io ne ho 4.500 ad esempio...) e più i pensieri vi assaliranno la mente.

Ecco, primo consiglio: non fateci casi e proseguite, volete o non volte tornare dei Cro-Magnon ? Si? Allora dateci di clava alla Fred Flinstone per Dio!

L'esito ve lo preannuncio in anticipo (grazie a precedenti coraggiosi sperimentatori che ci sono già passati) anche se variabili indipendenti sono da tenere nel conto...

Sopravvivrete, manterrete la gran parte degli amici, la quasi totalità di quelli che contano perlomeno, non diventerete un eremita da alta montagna, né un monaco zen. Non dovrete nemmeno ricoprirvi di pellame in stile Neanderthal.

Manterrete integro il vostro status sociale insomma sarete quasi normali...

I primi giorni vi domanderete cosa penseranno di voi gli "orfani" che vi siete lasciati alle spalle, ma è molto più probabile che i maggiori pensieri a riguardo saranno compresi quasi esclusivamente nella vostra testa (incredibile come i social alla fine diventino un fenomeno esclusivamente *private..).*

Dopo qualche giorno di sano digiuno dalla vostra preziosa bacheca giornaliera noterete subito un discreto calo d'ansia e di fretta che vi aveva fin lì accompagnato. Non avrete però più attese "bustine" di figurine da aprire, quello si, ma tanto le figurine se vi ricordate bene erano quasi sempre tutte uguali...

Come detto è facile che molti dei vostri followers manco si accorgano della vostra morte in diretta su Facebook, mentre di sicuro la vostra assenza da WhatsApp, social più immediato e presente scatenerà di certo qualche telefonata da parte di qualche vostro contatto. Anche se nel frattempo avrete, prudentemente invitato tutti a Cercarvi Coi Vecchi sistemi: suonando il Vostro citofono, chiamandovi sul fisso, o al limite a spedirvi una Mail, ma vi anticipo alcuni rimarranno perplessi.

Vi sentirete porre domande del tipo: "ma era proprio necessario? È un mezzo tanto comodo. Perché questa tua scelta? " ecc. ecc. Insomma molti non vi capiranno, ma non per questo vi toglieranno il saluto, l'operazione Cro-Magnon continua.

Ad ogni buon conto non pensate di aver liquidato il vostro mondo virtuale cosi in quattro e quattr'otto.

Quel mondo li si ribellerà e farà partire subito gli anticorpi necessari. Verrete contatti su tematiche tipo: Non ci sei più su WhatsApp? Dammi il tuo account su Instagram, o SnapChat ti contatto lì..." insomma i più penseranno ad un disguido tecnico, avrà cambiato sistema operativo o quelle robe li...

Insomma ci penserà il "mondo" fuori ad esorcizzare e a sminuire il vostro gesto epico!

E allora, a quel punto, colto dall'incertezza, ti guarderai allo specchio fiducioso di vederti sempre con la chioma e la barba sfatta da vero Neanderthal ma verrai subito colto da qualche dubbio...del resto sei ancora un novello esploratore.

Confessiamocelo, i primi momenti possono sembrarvi di un certo smarrimento, l'idea di uscire dalla grotta e andare a caccia di alci anziché trovarvi al Mac-Donald ad azzannare l'ultimo annunciato (su Facebook) panino al bacon con gli amici di sempre dopo esservi accordato con loro (ovviamente) su WhatsApp è ancora un po' ostica...

Vi starete chiedendo ma ho fatto bene ? Ecco, secondo consiglio: tenete duro (almeno per un po', non vi sentite un po' novelli Darwin?).

Il senso di solitudine vi assale? Prendetevi del tempo per capire se è tutta sofferenza o anche sollievo. Non dovere più seguire (o mettere) like, mi piace, postare l'ultimo selfie (ma poi servono davvero ..sti selfie? Tutti cosi simili e scontati con le facce vagamente ebeti...).

Questo fatto, da solo, vi permetterà di tenervi la comunicazione dei "soli" fatti che contano: "ho tamponato l'auto che avevo di fronte, ho ritirato il referto medico che aspettavo con ansia, ho avuto un figlio!"

Nel contempo non avrete postato fesserie del tipo: "Hai visto il rosa shocking dei calzini di Mario? Ma secondo te i miei capelli mi stanno meglio ricci o ricci-ricci ? " Notizie di importanza tanto vitale le possiamo anche dimenticare...Il cellulare è anche (e soprattutto un telefono). Vuoi mettere la differenza di sentirti chiamare dal tuo amore e sentirti dire: "Tu non hai la minima idea di quanto ti adoro?"

Molta, ma molta più dopamina che leggere: TVTBMCC o TATMTT via WhatsApp credetemi sul pezzo!

Chiamate le persone che vi stanno attorno e sentite la loro voce, vi sentirete più umani. Se poi volete mantenere vivo un po' di modernismo in voi usate gli SMS o una bella mail (vera erede delle vecchie lettere di carta e inchiostro).

Fatto il giro di boa vi accorgerete che la vostra vita non cambierà sicuramente in peggio e la vostra testa sarà meno ansiogena...

Poi diciamocelo molti social non sono nati con le migliori intenzioni, Facebook su tutti ha oggi una connotazione distante anni luce da quegli ideali etici e alti motivi che l'hanno visto nascere. I suoi CEO sono *full business oriented* in maniera totale! Di seguito un elenco di cose (prese da internet) che il grande Social Network fa a nostra insaputa (o quasi)...

1. **Facebook usa i nostri like, le nostre visite ecc. in maniera arbitraria e non autorizzata**, per raccomandare prodotti su cui non abbiamo mai cliccato, inondandoci di pubblicità più o meno mascherata che puntualmente sarà visibile nelle bacheche nostre e dei nostri amici. I dubbi sulla loro chiarezza sono evidenti. Spesso si tratta di contenuti sponsorizzati che apparivano nella mia bacheca solo grazie ai like di alcuni miei amici. Il problema era che questi like erano falsi come Giuda dato che facevano riferimenti ad articoli non presenti nel mercato usuale italiano e che erano lontano mille miglia dai miei amici che mai avrebbero posto un like molto su di essi... Insomma Non c'è modo di controllare, né di sapere quando Facebook decide di usare i nostri like senza permesso.

2. Su Facebook, **i nostri dati di navigazione vengono raccolti e utilizzati da Facebook** per migliorare i loro algoritmi e conoscerci meglio l fine di fare pubblicità mirate. Ogni volta che una pagina contiene un tasto Facebook, le parole chiave della pagina che stiamo leggendo vengono associate a noi e magicamente i contenuti che vedremo nella nostra bacheca Facebook si adatteranno a quanto leggiamo quando navighiamo il web. Ve ne siete già accorti, no? Non vi siete mai chiesti come fa Facebook a sapere che volete andare in vacanza ai fiordi norvegesi, o che state pensando a comprare una moto nuova? Anche in questo caso, non ci sono opzioni della privacy che vi consentono di disabilitare questo tracciamento del vostro comportamento *on line*.

3. Facebook può usare il riconoscimento facciale (lo stesso con cui riconosce gli amici che non sono ancora taggati nelle vostre foto) per **raccogliere dati circa il luogo in cui vi trovavate in una certa data**. Farlo è un gioco da ragazzi, voi gli date la foto, e lui ci aggrega i dati GPS, data, ora, automaticamente contenuti nel file immagine.

4.   Usando Facebook, siete automaticamente arruolati a diventare un loro detective, un agente stasi incaricato di spiare la vita degli altri. Anche di chi non è su Facebook o ha deciso di esserci sotto false spoglie (per prudenza che non è mai troppa). Per i motori interni al sofisticato sarà un gioco da ragazzi scoprire e memorizzare nella scatola nera **tutta la vostra rubrica telefonica/email**. Ora il nostro amato Facebook sa tutto sui vostri contatti e si terrà ben strette le altre informazioni. Farà lo stesso anche con i dati dei vostri amici che sono nelle vostre rubriche ma che non hanno mai aperto un profilo Facebook.

5.   **Non dimenticate infine che ciò che scrivete su WhatsApp viene archiviato anche da Facebook che del portale di messaggistica è il proprietario**. L'informativa risale all'agosto 2016 quando WhatsApp ci ha avvisato che voleva usare *"le informazioni del vostro account WhatsApp per migliorare le pubblicità e la funzionalità dei prodotti del vostro Facebook"*. Quindi torniamo al punto precedente, gli algoritmi di Facebook sono contenti anche se non pubblicano: per loro è sufficiente archiviare e fare la gioia di terze parti che poi compreranno quei dati a peso d'oro per garantirsi profitti assai elevati...senza riconoscerci alcunché!

Insomma anche se non abbiamo niente da nascondere non vi è alcun buon motivo perché una multinazionale del web iper protesa al profitto sappia tutto su di noi meglio di quanto non sappia nostra madre. Facebook è al corrente dei nostri gusti, anche i più inconfessabili, quando interagiamo con esso lo facciamo spesso in maniera istintiva spesso compulsiva.
L'ultimo problema che ci poniamo è quello di essere super controllati, schedati e archiviati eppure dovremmo.
Insomma mai come in questi anni la faccenda privacy sta diventando una gigantesca ipocrisia collettiva. La nostra privacy era molto più al sicuro quando non era protetta da nessuna legge o codice civile. Oltre a ciò altro grosso problema è il so-

vraccarico di informazioni, moltissime banali. Ma la vetrina è tanto ben studiata che il nostro occhio e per collegamento diretto il nostro cervello se ne imbeve e assimila, in una sorta di orgia mediatica spesso indigesta, da qui il detto **mal di pancia da Facebook** (licenza poetica dell'autore...).

Pensateci bene avete davvero bisogno di sapere la notizia del topolino inseguito da 17 gatti che finiscono con l'azzuffarsi fra di loro? O che la giovane moglie del sultano del Vattelapesca ha partorito due gemellini?

Salvo rari casi la maggior parte delle cose che si leggono sulla nostra *homepage* Facebook ha un impatto quasi nullo nella mia vita.

Da zero a dintorni!

A volte però il mezzo vi fa sentire bene, vi distrae, e vi rilassa. A dosi omeopatiche certamente non è dannoso. E come leggere quelle inutili riviste che trovate nelle sale d'attesa del dentista.

Gli amici di Facebook, parola grossa: "Si dice amici amici, ma poi ti fregano la bici..." Mai come in questi anni si discute dell'importanza e della definizione di amico e amicizia, quasi più dell'amore e degli innamorati il che è tutto dire...

Gli amici si dividono in una varietà di categorie, specie sotto-specie che neanche in botanica...

Gli amici che si contano su una mano, quelli dell'infanzia, quelli della vecchiaia gli amici presi o ereditati.

Gli amici/conoscenti, i quasi amici i non-amici.

Gli amici veri e quelli veri a metà, una donna per amico e l'amico di una vita. Quello per cui ti butteresti nel fuoco e quello che manco ti ricordi.

Gli amici di Facebook (e WhatsApp) invece sono una categoria a sé. Fragili e trasparenti come una finestra pulita.

Basta una richiesta di amicizia ed eccovi promossi, un'amicizia molto diafana, impalpabile. Io ne ho quasi 4.500 di ogni angolo del globo, razza, età, religione e sesso.

Col 98% di essi non ho mai scambiato non dico una parola ma manco un opportuno tweet o un like!

Insomma i miei vecchi quattro amici del bar Sport sopravvi-
vranno alla mia scomparsa da Facebook e addentellati...
Gli altri 4.400 e rotti se ne faranno una ragione, ma secondo me manco se ne accorgerebbero di una mia dipartita.
Del resto Facebook si rivela invece di importanza non dico no-
tevole ma certo spessa se usata a fini lavorativi (infatti da poco
è nato anche Facebook business).
Personalmente lo uso soprattutto per lavoro. Faccio l'editore
e ho necessità di informare il pubblico più vasto possibile in
merito alle mie nuove uscite editoriali.
Questo mi permette di aprire Gruppi e pagine/blog che si
occupano di tutte le mie collane librarie dove dirotto i miei
4.400 e rotti followers (e per induzione gli amici dei miei amici). Certo una scelta più saggia sarebbe stata quella di aprire
un account *troll* che potesse preservare la mia vita privata, ma
questa è tutta un'altra faccenda. Anche perché è opportuno
ricordare ancora una volta che la questione è assai più social
che personal...